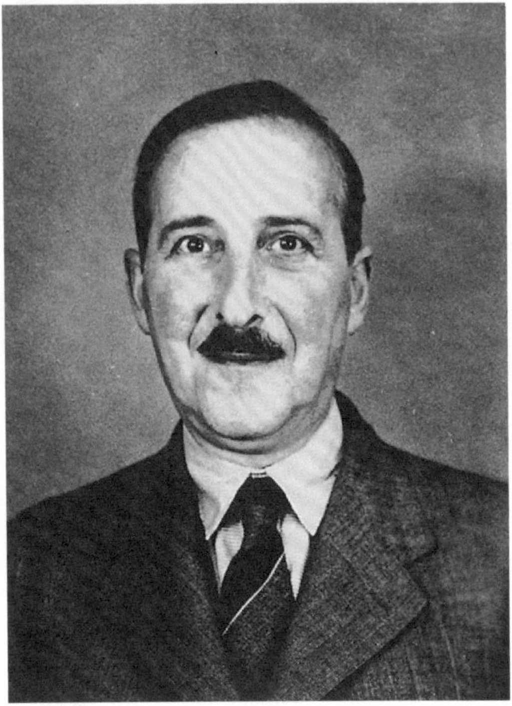

Stefan Zweig

DIE KUNST, OHNE SORGEN ZU LEBEN

Letzte Aufzeichnungen und Aufrufe

Herausgegeben von
Klaus Gräbner und Volker Michels

Mit einem Nachwort
von Volker Michels

Insel Verlag

Insel-Bücherei Nr. 1524

INHALT

Die Kunst, ohne Sorgen zu leben 7
Nur Mut! 18
Was mir das Geld bedeutet 22
Die Angler an der Seine 27
Eine nachhaltige Lektion 36
Abschied von Alfonso Hernández Catá 44
Das große Schweigen 50
In dieser dunklen Stunde 59
Hartrott und Hitler 63

Nachwort 71
Quellennachweise 79

DIE KUNST, OHNE SORGEN ZU LEBEN

Es wäre undankbar, wenn ich den Mann vergessen hätte, der mir zwei der schwersten Dinge auf Erden gezeigt: wie man durch innere Souveränität sich der stärksten Macht dieser Erde, dem Geld, entziehen kann. Und wie man mitten unter Menschen zu leben vermag, ohne einen einzigen Feind zu haben. Ich habe ehrlich versucht, ihm diese seltene Meisterschaft abzulauschen. Aber ich gestehe, dass es mir weder in dem einen noch in dem anderen Fall bisher gelungen ist.

Ich lernte diesen einmaligen Menschen in der kleinen Stadt, in der ich damals wohnte, auf die einfachste Weise kennen. Eines Nachmittags führte ich meinen treuen Spaniel, genannt Kaspar, spazieren, der sonst übermütig mir vorauswedelte, diesmal aber sich höchst närrisch benahm. Er wälzte sich mit dem Rücken ingrimmig auf der Erde, die vier Beine in der Luft, rieb sich an jedem Baum, heulte, murrte und knurrte unablässig. Aber ich hielt dies für eine Unart des Frühlings und achtete nicht weiter darauf.

Mit einmal spürte ich, dass jemand mir zur Seite ging. Ich blickte auf und sah einen etwa dreißigjährigen, ärmlich gekleideten Mann ohne Hut, ohne Kragen Schulter an Schulter mit mir Schritt halten. Ein Bettler, dachte ich unwillkürlich und wollte schon in die Tasche greifen. Aber ruhig lächelte aus blauen, klaren, hell bestirnten Augen dieser Fremde mir zu, als wären wir alte Freunde. »Er hat eine Zekke, der arme Kerl«, deutete er auf meinen Hund hin. »Ich hab's gleich bemerkt. Komm, gehen wir hinüber zur Bank drüben im Park. Ich krieg' sie schon heraus.«

Ich muss nun hier bemerken, dass in der deutschen Sprache sich nur jene Leute Du sagen, die gleichen Standes und seit Jahren miteinander intim vertraut sind; sofern ich also auf bürgerliche Sitte Gewicht gelegt hätte, hätte ich diesen Unbekannten, der mich derart intim ansprach, grob abfertigen müssen. Aber in der Vertraulichkeit seines Blickes lag eine solche Herzlichkeit, dass sein Vorschlag auf mir nicht ganz erklärliche Weise den Charakter eines Befehls annahm. Ohne zu zögern, überquerte ich an seiner Seite die Straße. Wir setzten uns nebeneinander auf die Bank. Er lockte mit einem scharfen Pfiff den Hund heran.

Und sonderbar: Mein Kaspar, der sonst jeden neuen Menschen umständlich beschnüffelte, ehe er sich von ihm berühren ließ, legte ebenso gehorsam, wie ich selbst gerade gewesen, auf den ersten Wink dem fremden Menschen den Kopf mit den schweren Ohren auf die Knie. Der Unbekannte suchte mit seinen langen, harten Fingern, an denen die Nägel merkwürdig hell aufleuchteten, eine Zeitlang in dem Fell hin und her. Dann klemmte er nach einem zufriedenen »Aha« das geduldige Tier zwischen die Knie und begann eine längere Operation. Sie mochte schmerzhaft sein, denn Kaspar wimmerte mehrmals leise, machte jedoch keinen Versuch, sich loszureißen, und hielt auf seinen krampfhaft eingestemmten, nervös zitternden Beinen still.

Plötzlich ließ ihn der Fremde aus dem Schraubstock der Knie, lachte laut »Da haben wir's« und hielt etwas triumphierend hoch. »Na, lauf los, Hunderl«, rief er dem noch zitternden Tier zu, das ihn sofort verstand und wie ein Kreisel loswirbelte. Dann stand der Fremde auf, winkte mir »Grüß Gott« zu und ging gleichmäßig weiter mit seinem sicheren Gang wie jemand, der seine Sache erledigt hat.

Ich war so verblüfft über dieses plötzliche Fortgehen, dass es mir erst später einfiel, ich hätte diesem sichtlich furchtbar armen Menschen für seine Mühe doch etwas schenken müssen, etwas Geld oder ein paar Zigaretten, zumindest jedenfalls hätte ich ihm danken müssen. Aber es war in dem Weggehen dieses Menschen die gleiche abschließende Sicherheit und Selbstverständlichkeit gewesen wie in seinem Kommen. Er hatte seine Sache getan, ganz wie er wollte, ohne sich anzubieten oder danken zu lassen, und ich würde heute mit grauen Haaren noch viel dafür geben, wenn ich es lernen könnte, ein Gespräch mit einem Fremden so souverän zu beginnen und zu beenden. Noch immer über die sonderbare Art dieses Menschen nachdenkend, ging ich nach Hause, und da in unserem Hause Kaspar die weitaus wichtigste Person war, konnte ich nicht umhin, von seinem Abenteuer zu berichten. Und sofort bemerkte unsere alte

Köchin mit begeisterter Selbstverständlichkeit: »Ah, das war der Anton. Der sieht halt alles.«

Dadurch erfuhr ich, dass der hilfreiche Samariter Anton hieß, und fragte nun weiter nach seinem Berufe und was er eigentlich mache. »Nichts«, sagte unsere Köchin ärgerlich, als hätte ich sie persönlich beleidigt, und fügte bei, wie Frauen immer mit einer Frage antwortend: »Was braucht der einen Beruf?«

Um sie nicht herauszufordern, bemerkte ich nur ganz vorsichtig, dass jeder Mensch doch von irgendetwas leben müsse. »Ah, der braucht nix«, sagte sie stolz, »dem gibt jeder gern alles, was er braucht.« Nun musste ich beschämt die Tatsache eingestehen, dass sich dieser sonderbare Anton gerade von mir nichts hatte geben lassen. Aber das bestärkte unsere Köchin nur in ihrem Stolz. »Ja, der bittet keinen um was. Der pfeift aufs Geld, der hat's nicht notwendig.«

Nun, das war sonderbar. Bisher hatte ich immer geglaubt, dass jeder Mensch zum Leben Geld notwendig habe und wer keines besitze, sich's mit irgend einer bestimmten Art Arbeit verdienen müsse. Ich wusste, dass man in dieser kleinen Stadt wie in jeder anderen der Welt jedes Stück Brot und jedes Glas Bier, seine Schlafstelle und seinen Rock bar bezahlen musste, die Reichen manchmal erst nach einer Woche oder einem Monat, die Armen sofort. Dass hier wie überall keinerlei Arbeit umsonst getan wurde, sondern jede sogar nach einem bestimmten, von den Gewerkschaften genau festgesetzten Tarif. Wie machte es also der kleine magere Bursche mit den durchgedrückten Hosen, dies Gesetz zu durchbrechen? Wie entzog er sich dem feinmaschigen Netz von Vereinbarungen und Tarifen, das heute unsere ganze Welt umspannt, und war doch – dies hatte ich gleich bei unserer ersten Begegnung bemerkt – völlig sorglos und glücklich dabei. Ich beschloss, seine besondere Methode auszukundschaften, und musste schon nach wenigen Tagen unserer Köchin recht geben: Dieser Anton hatte in der Tat keinerlei bestimmten Beruf, er ging wirklich den ganzen Tag spazieren. Jeden Morgen zog er los und schlenderte durch die Stadt, allerdings mit den wachsamsten, klügsten Augen, die ein Mensch unter der Stirn haben kann. Er beobachtete alles und bemerkte alles. Er hielt einen Fuhrmann an und machte ihn aufmerksam, dass das Pferd schlecht gezäumt sei. Der lachte und ließ es ihn besorgen, weil es richtig war. Dann ging er an einem Zaun vorbei, winkte dem Besitzer und ermahnte ihn, das schon morsche Holz streichen zu lassen, sofort betraute der Gartenbesitzer ihn damit. Jeder ließ ihn alles tun, was er vorschlug, weil jeder wusste, dass Anton keineswegs aus Geldgier, sondern nur uneigennützig und ehrlich auf jeden Schaden hinwies. In wie vielen Beschäftigungen habe ich ihn aushelfend gesehen – einmal traf ich ihn in einem Schusterladen sitzend und Schuhe reparierend, einmal als Aushilfskellner bei einem Fest, einmal Kinder spazieren führend, ein andermal auf dem Markt mitten unter den Weibern Äpfel verkaufend: Die Frau lag im Wochenbette, und so hatte sie – jeder wendet sich in solchen Fällen an ihn – für die paar Tage ihn als Aushilfe auf ihren Platz gesetzt.

Immerhin, solche fixe Burschen, die alles können und zu allem zu brauchen sind, gibt es in vielen Exemplaren. Das Besondere und Einmalige aber an diesem Anton war, dass er strikt ablehnte, sich auch für viele Stunden harter Arbeit mehr Geld geben zu lassen, als er gerade für diesen einen Tag brauchte; wenn es ihm gut ging, weigerte er sich standhaft, eine Bezahlung anzunehmen. »Ich komm schon später einmal zu dir, wenn ich was brauch«, sagte er in solchen Fällen. Und bald ward ich gewahr: Dieser hagere, meist schlecht rasierte, zerschlissene Bursche hatte also für seine Person ein neues, durchaus antikapitalistisches System erfunden: Er vertraute auf die Anständigkeit der Menschen. Statt sich Geld auf ein Sparbuch zu deponieren, legte er sich lieber bei fast allen Leuten dieser kleinen Stadt ein mobiles Kapital von moralischen Verpflichtungen an: Er investierte sein bisschen Besitz in unsichtbares Guthaben, denn selbst der Hartnäckigste und Misstrauischste konnte sich einem gewissen Schuldnergefühl gegenüber einem Menschen nicht entziehen, der mit seiner Arbeit, seinem Können nicht Handel trieb, sondern alles, um das man ihn anging, mit leichten und unbesorgten Händen tat, ohne sofortige Entlohnung zu fordern. Man musste Anton nur auf der Straße nachsehen, um zu merken, wie die Leute ihn darum als etwas Besonderes respektierten; jeder grüßte ihn herzlich, jeder schüttelte ihm die Hand, und nie habe ich so gut die Macht eines Menschen verstanden, der das große Lebensgeheimnis einfach im Blut hat, sich vor dem Morgen nicht zu fürchten und wirklich, wie man es in den Schulbüchern liest, auf Gott zu vertrauen. Sicherlich der Ärmste von allen, ging dieser Nichtstuer und Allestuer, ging dieser einfache, unbesorgte Mensch in seinem schlechten Rock durch die kleine Stadt wie ein Gutsherr, der sein Gut inspiziert, leutselig, freundlich; er konnte in jede Tür treten, sich an jeden Tisch setzen, alles stand ihm offen, weil er nichts wollte als das Notdürftigste. Bald verstand ich das Geheimnis seiner Macht über die Menschen – er diente nicht für Geld, sondern aus Menschlichkeit, und darum achteten ihn alle.

Nun muss ich offen eingestehen, dass es jetzt, da ich ihn beobachtet hatte, mich allmählich zu ärgern begann, dass er gerade an mir bloß mit leichtem Gruß wie an einem halb Fremden vorüberging; offenbar war er in seiner Feinfühligkeit der Meinung, dass ich als Schriftsteller ihn zu nichts brauchen konnte, und ich fühlte mich durch diese höfliche Gleichgültigkeit irgendwie aus einer sehr großen und herzlichen Gemeinschaft ausgeschlossen. So benützte ich die nächste Gelegenheit, als in unserem Hause etwas nicht in Ordnung war – eine Dachrinne ließ Wasser durch – als Vorwand, um der Köchin vorzuschlagen, ob man nicht Anton die Sache zeigen solle. Vielleicht könnte er herausbringen, wo der Fehler steckte. Sie sollte ihm schreiben oder zu ihm schicken. »Zu dem kann man nicht schicken, der wohnt immer bei wem andern, wo sich's gerade trifft«, antwortete sie. »Und schreiben kann man ihm auch nicht. Aber ich lass ihm's schon sagen.« Wieder hatte ich etwas von dem sonderbaren Menschen gelernt, er hatte als rechter Zugvogel keine Wohnung, keine Adresse. Und doch war niemand leichter zu erreichen als er, eine Art drahtloser Telephonie verband ihn mit der ganzen Stadt. Es genügte, dem Erstbesten auf der Straße zu sagen: »Ich brauch den Anton«, der sagte es wieder dem Nächsten weiter und so fort, bis einer ihn traf. Und tatsächlich, schon am Nachmittag war er da. Mit seinen klugen hellen Augen sah er alles im Hause an, mahnte im Vorbeigehen durch den Garten, dass dort ein Strauch geschnitten werden sollte, hier ein junger Baum umgesetzt. Wir führten ihn zum Dach, er untersuchte die Rinne, konstatierte nach ein paar Minuten »Hier sitzt es« und begann schon zu arbeiten.

Es war eine Lust zu sehen, wie geschickt er zupackte, aber leider hatte ich nicht die Zeit, ihm lange zuzusehen, Freunde aus Frankreich waren angesagt, und nach zwei Stunden hatte ich den guten Anton schon im Gespräch völlig vergessen. Da klopfte es und er trat in unser Zimmer in Hemdsärmeln, aber gar nicht befangen vor den fremden Leuten. »Bleib nur sitzen! Ich stör dich nicht«, sagte er mit seiner freundlichen Sicherheit und lächelte den fremden eleganten Leuten gutmütig zu, »ich wollt dir nur sagen, es ist schon alles in Ordnung. Schau dir's nachher an. Grüß Gott.«

Wieder war er weg, ohne dass ich ihm hatte danken können. Aber diesmal lief ich wenigstens noch rasch hinaus zur Köchin, sie sollte ihn gut bezahlen, denn ich selbst – so stark war die Freiheit vom Geld, die von diesem Menschen ausging – hätte nie den Mut gehabt, ihm welches anzubieten. Dann erst ging ich zu unseren Besuchern zurück. Aber nach ein paar Minuten überkam mich die Unruhe, ob die Köchin ihm reichlich genug bezahlt habe; ich ließ sie kommen und fragte, ob er zufrieden gewesen sei. »Aber natürlich«, antwortete sie. »Der ist immer zufrieden. Sechs Schilling hab ich ihm geben wollen, aber er hat nur zwei genommen. Das reicht für heut und morgen, hat er gesagt. Aber wenn der Herr Doktor einmal einen alten warmen Rock überflüssig hätt', das wär halt schön, hat er gesagt.«

Ich kann schwer beschreiben, welche Art plötzlicher Freude ich empfand, diesem ersten Menschen, der weniger nahm, als man ihm gab, etwas anbieten zu dürfen, was er sich innerlich wünschte. Diese Pflicht schien mir wichtiger als alle Höflichkeit. Ziemlich rücksichtslos ließ ich meine Gäste im Stich und rannte ihm nach bis zum Gartentor. »Anton! Anton! Ich gebe ihnen gleich einen Rock mit.« Wieder kam mir das heitere ruhige Licht seiner Augen entgegen. Er war nicht im Mindesten erstaunt, dass ich ihm nachgelaufen war.

In seiner Weltauffassung war es vollkommen selbstverständlich, dass jemand, der einen überflüssigen Rock besitzt, ihn dem anderen anbietet, der gern einen haben möchte. Gelassen folgte er mir und eilig ließ ich von alten Kleidern, Schuhen, Hemden alles Erreichbare zusammenholen. Er sah den ganzen aufgehäuften Packen sorgfältig mit einem sachlichen Blick an, nahm den Rock, probierte ihn an und sagte dann ruhig: »Ja, den kann ich brauchen.« – Er sagte es absolut in dem Ton, wie eine Millionärin beim Juwelier einen Ring sich auswählt. Er sagte es nicht wie einer, der eine Sache geschenkt bekommt, sondern mit der Souveränität eines Herrn im Kaufladen, der ohne nach dem Preis zu fragen, von den vorgelegten Stücken sich zu einem entschließt. »Ja, der ist schön«, wiederholte er zufrieden, dann blickte er mit sinnendem Blick auf die anderen Sachen. »Die Bergschuh dorten gibst dem Fritz in der Salsergassn, der braucht welche, und die Hemden dem Josef vom Platzl, der kann sie sich selber flicken. Wenn du willst, bring ich sie dir hin« – wieder sagte er es im großmütigen Ton eines Angebotes, so dass ich beinahe das Gefühl hatte, ich müsste ihm noch danken dafür, dass er die mir gehörigen Sachen an mir völlig fremde Personen verteilte. Sorgfältig knotete er die Dinge in einen Packen und lud ihn auf die Schulter. Dann sagte er noch herzlich herablassend: »Ja, du bist ein braver Kerl. Schön von dir, dass'd das alles hergibst« und war verschwunden.

Sonderbar, keine begeisterte Besprechung irgendeines meiner Bücher hat mich dermaßen gefreut in meinem Leben wie diese naive Art des Lobes. Ich habe oft noch an diesen Anton gedacht und immer voll Dank, denn wenige Menschen haben mir innerlich so sehr geholfen. Oft wenn ich mir kleine, dumme Sorgen um Geld machte, erinnerte ich mich an diesen Menschen, der ruhig und vertrauensvoll in den Tag lebte, weil er nicht mehr wollte als genug für diesen einzigen Tag. Wie oft habe ich ihn noch in seinem armen Aufzug gesehen, aber nie anders als heiter und unbesorgt, und immer mir dann gedacht: Wenn alle Menschen untereinander dies Geheimnis der Reziprozität des Vertrauens lernten, müsste es keine Polizei geben, keine Gerichte, keine Gefängnisse und kein Geld. Unser ganzes kompliziertes ökonomisches System, das sich immer wieder selbst ad absurdum führt und zum »sozialen Problem« wird, wäre vielleicht gelöst, wenn alle lebten wie dieser Eine, der nur genau so viel nahm, als er brauchte, und so viel von sich gab, als er vermochte. Jetzt weiß ich schon seit Jahren nichts mehr von ihm. Aber um wenige Menschen habe ich so wenig Sorge als um ihn: Ich weiß, diesen Mann wird Gott und, was seltener ist, ihn werden sogar die Menschen nicht im Stich lassen.

(1940)

NUR MUT!

Der vielversprechendste Schüler an unserem Wiener Gymnasium war ein gut aussehender Junge von sechzehn Jahren, der außergewöhnlich begabt, fleißig, ehrgeizig und wohlerzogen war. Wir gaben ihm den Spitznamen »Metternich«, zu Ehren unseres großen Diplomaten, weil wir überzeugt waren, dass er mit seiner überlegenen Intelligenz eine glänzende Laufbahn im öffentlichen Dienst vor sich hatte. Das einzige, was wir nicht an ihm mochten war seine Eleganz: Er kam immer mit frisch gebügeltem Anzug zur Schule und mit sorgfältig gebundener Krawatte; bei schlechtem Wetter brachte und holte ihn der Chauffeur seines Vaters in einer Limousine. Gleichwohl war er ein netter Kerl ohne jede Arroganz; wir hatten ihn alle gern. Eines Morgens blieb »Metternichs« Sitzplatz leer. Zu Mittag wussten wir den Grund. Am Vorabend war sein Vater, der Direktor eines großen Finanzunternehmens, verhaftet worden: Sein Geschäft war ein gigantischer Schwindel gewesen, und Tausende von kleinen Leuten fanden sich über Nacht ihrer hart verdienten Ersparnisse beraubt. Die Zeitungen druckten die Skandalnachricht in großen Schlagzeilen mit Fotos des Beschuldigten und sogar seiner Familie.

Jetzt verstanden wir, warum unser unglücklicher Freund nicht zur Schule gekommen war. Er schämte sich. Zwei Wochen lang, während die Zeitungen mehr und mehr Einzelheiten über den Schwindel des Vaters enthüllten, blieb »Metternichs« Platz leer.

Dann, eines Morgens in der dritten Woche, ging die Tür auf, »Metternich« schlüpfte herein, setzte sich auf seinen Platz, öffnete sofort ein Buch und hob während der nächsten zwei Stunden kein einziges Mal seinen Blick nach oben. Als es zur Zehnminutenpause klingelte, gingen wir wie gewöhnlich hinaus auf die Korridore. »Metternich« ging gleich ans Ende des Ganges, stand allein, mit dem Rücken zu uns, und starrte aus dem Fenster, als habe etwas auf der Straße seine ganze Aufmerksamkeit in Beschlag genommen. Doch wussten wir, dass der arme Junge das nur tat, weil er vermeiden wollte, unseren Blicken zu begegnen, dass er dort stand und dabei schrecklich einsam war.

Unser Geplänkel und Gelächter erstarb, als wir merkten, wie herzzerbrechend diese selbstauferlegte Isolierung für ihn sein musste. Offensichtlich wartete er auf ein freundschaftliches Zeichen von uns. Aber unsicher, wie wir uns ihm nähern sollten, ohne seinen Stolz zu verletzen, zögerten wir. Keiner von uns hatte den Mut, den Anfang zu machen. Nach mehreren endlosen Minuten rief uns die Schulglocke zurück in das Klassenzimmer. Mit einer abrupten Bewegung wandte »Metternich« sich um und ging hinein, ohne einen Blick auf uns zu werfen. Seine aufeinandergepressten Lippen schienen noch blasser als zuvor, während er sich hinsetzte und nervös sein Buch aufschlug. Am Ende des morgendlichen Unterrichts verließ er den Klassenraum so eilig, dass keiner von uns eine Gelegenheit fand, ihn anzusprechen.

Wir alle fühlten uns schuldig und begannen zu überlegen, wie wir die Sache wiedergutmachen könnten. Aber es war zu spät, er gab uns keine Gelegenheit mehr. Am nächsten Morgen war sein Platz wieder leer. Wir riefen bei ihm zuhause an, aber nur, um zu erfahren, dass er bei der Rückkehr aus der Schule seiner Mutter plötzlich angekündigt hatte, er wolle nicht mehr weiter zur Schule gehen. Und tatsächlich hatte er Wien sogleich verlassen, um in einer kleinen Stadt Apothekerlehrling zu werden. Wir sahen ihn niemals wieder.

Hätte er seine Schulausbildung fortsetzen können, er würde es im Leben wahrscheinlich weiter gebracht haben als wir alle. Und zweifellos hatte unser Zögern und unser Versagen, ihm zu helfen, einen beträchtlichen Anteil am Abbruch seines Werdegangs. Ein einziges Wort, eine freundliche Geste unsererseits hätten ihm an jenem Morgen vielleicht die Kraft gegeben, seine Not und Bedrängnis zu meistern.

Es war nicht Mangel an Einfühlung, nicht Gleichgültigkeit oder unfreundliche Absicht, die uns dazu brachten, ihn in jenem kritischen Augenblick im Stich zu lassen: Es war nur der Mangel an Mut, der uns so oft davon abhält, das rechte Wort zu sagen, wenn es am nötigsten ist. Ich bin mir bewusst, dass es schwer ist, sich einem Menschen zu nähern, dessen Seele vor Scham über eine Niederlage oder Demütigung brennt, aber aus dieser frühen Erfahrung habe ich gelernt, dass man niemals zögern sollte, dem ersten Impuls zur Hilfeleistung zu gehorchen, denn ein Wort oder eine Tat aus Mitgefühl hat nur wirklichen Wert im Augenblick der höchsten Not.

(1941)

WAS MIR DAS GELD BEDEUTET

Im Jahre 1923 sandte ich meinem Verleger in Leipzig ein Buch, an dem ich ein Jahr lang gearbeitet hatte. Ich bat um eine Vorauszahlung für zehntausend Exemplare. Während der zehn Tage zwischen dem Eintreffen und dem Einlösen des Schecks wurde der Betrag wertloser als die Briefmarken, die ich für die Postsendung meines Manuskripts gebraucht hatte. Das Ergebnis einer Arbeit, die mich ein ganzes Jahr gekostet hatte, war in vier Tagen verloren – verloren an jenen wahnwitzigen Hexentanz der Zahlen, die deutsch-österreichische Währungsinflation.

In diesem Jahr warfen die Leute ebenso hohe Beträge in den zerschlissenen Hut eines Bettlers wie die Familie Rothschild insgesamt zur Zeit ihres größten Wohlstands besaß. Zu einem gewissen Zeitpunkt kostete ein einziges Ei vier Milliarden Mark, mehr als der Etat eines Landes mit sechzig Millionen Menschen. Eine zerbrochene Fensterscheibe zu ersetzen war teurer als ein vierstöckiges Haus noch eine Woche zuvor gekostet hatte. Alles, was einmal Geld gewesen war, war jetzt nur noch Papier, auf dem bedeutungslose Zahlen gedruckt waren. Reichtum wurde zu Abfall.

Diese phantastische Inflation, mittels derer die deutsche Regierung sich ihrer Nachkriegsreparationen entledigen wollte, ist inzwischen eine alte Geschichte. Aber zu jener Zeit konnte niemand von uns die Unermesslichkeit dieses Schwindels begreifen. Alles, was wir wahrnahmen, war, dass das Geld in grotesker Weise an Wert verlor.

Im alten Österreich hatte Geld meiner gesamten Familie Unbeschwertheit, angenehmen Lebensstandard und Sicherheit gegeben. Es hatte sogar noch mehr gegeben: Achtung in der Öffentlichkeit und einen guten Ruf. Wohlstand war sichtbares Zeichen für die besonderen Talente und Tugenden der Menschen, die ihn angehäuft hatten; ein reicher Mensch ging anders als ein armer, aufrechter und mit mehr Selbstvertrauen.

Dann kam der Krieg von 1914. Zunächst war das Geld noch der alte Diener, der gehorsam tat, was ihm befohlen wurde. Aber allmählich fing die Währung an zu laufen, zu stolpern. Und ab 1919 schmolz sie von Stunde zu Stunde wie Butter in der Sonne. Eines Morgens wachten wir auf und sahen, dass die Hälfte des Familienvermögens verschwunden war – gleich einem Pferd, das nicht mehr in seinem Stall steht, ohne dass irgendjemand es auch nur angerührt hätte. Die Inflation hatte es gestohlen, und am Abend besaßen wir bloß noch die Hälfte der Hälfte. Morgens kauften wir eine Zeitung, die 30 000 Mark kostete; das Abendblatt kostete 50 000; und am nächsten Tag waren es 100 000. Es kamen Banknoten auf von einer Größe, wie wir sie nie zuvor gesehen hatten: Millionen Mark. Jeder war ein Millionär – aber nur für den Augenblick, denn eine Woche später hatte seine Million ihren Wert verloren, und man musste mit Milliarden bezahlen. Umgeben von diesem Wahnsinn, versuchten wir vergeblich zu zählen und zu rechnen. Der Zusammenbruch des Geldes in derart irrer Geschwindigkeit überstieg jedes Denkvermögen.

Heute, wenn ich auf diese Zeit zurückblicke, erscheint mir als das merkwürdigste Phänomen von allem – etwas, das ich nie vergessen werde –, dass mein Privatleben und das unzähliger anderer Leute nahezu ungestört weiterging. Selbstverständlich war es eine überaus schwere Zeit für die Armen, aber äußerlich bemerkten wir keine einschneidende Veränderung in Berlin oder Wien. Der Wille zur Kontinuität im vitalen Prozess des Lebens erwies sich als stärker als das Versagen des Geldes. Die Züge waren überfüllt, die Post kam pünktlich, der Bäcker backte sein Brot, der Bauer pflügte sein Land, Kinder wurden gezeugt und geboren, jeder ging seinem Beruf nach, seinen Neigungen, seinen Begabungen, wie vorher auch. Was mich betraf, so arbeitete ich ebenso gut wie eh und je, womöglich sogar besser und intensiver.

Ich kann heute nicht mehr sagen, wie ich die fabelhaften Summen aufbrachte, die damals notwendig waren, um ein Mittagessen zu bezahlen. Aber ich brachte sie auf, wie andere auch. Wir verloren zwar Geld, nicht aber Lebensmut und Lebensfreude. Vielmehr gewannen die dauerhaften Werte im Leben – die Arbeit, die Liebe, die Freundschaft, Kunst und Natur – sogar noch an Bedeutung, je mehr das Geld an

Wert verlor. Jungen und Mädchen wanderten in die Berge, kamen sonnengebräunt und fröhlich zurück, die Tanzsäle waren zum Bersten voll, neue Geschäftsunternehmen, Fabriken und Häuser waren plötzlich da. Dichter und Komponisten produzierten weiter, und niemals hörten wir ihnen dankbarer und mit größerer Aufmerksamkeit zu – denn durch die Treulosigkeit des Geldes hatte man die Seele der Dinge erkannt, die treu geblieben waren, und verdoppelte ihre Anstrengungen, diese Werte zu erhalten und zu verteidigen.

Niemals werde ich vergessen, wie ich eine Eintrittskarte in die Wiener Oper mit einem Bündel Banknoten bezahlte, das ehemals ausgereicht hätte, bequem drei Jahre davon zu leben. Wir kauerten zusammen in unseren Mänteln, denn die Oper war ungeheizt wegen der Kohlenknappheit. Dann hob der Dirigent seinen Taktstock, und mit einem Mal war alles Glanz und Herrlichkeit. Die Musiker spielten und die Sänger sangen wie nie zuvor; und wir lauschten mit einer Hingabe, die uns bis dahin unbekannt gewesen war. Nie zuvor und niemals seither habe ich eine vollendetere Aufführung erlebt als an jenem Tag der größten Unsicherheit.

Der irrsinnige Totentanz des Geldes dauerte in Österreich und Deutschland drei Jahre lang, ehe die Währung sich wieder stabilisierte. Dann kehrte die alte Ordnung der stabilen Preise noch einmal zurück. Was aber für mich nie mehr zurückkehrte, war die alte Beziehung zum Geld. Sein Zauber ist unwiderruflich verschwunden. Ein für alle Mal erkannte ich, dass seine Macht nicht unlösbar verbunden ist mit unserem innersten Lebensgefühl, wie ich ehemals glaubte.

Ich wäre unaufrichtig, wollte ich damit sagen, dass ich das Geld seitdem verachte. Keineswegs unterschätze ich das Vergnügen und die Anregungen, die Geld hervorzurufen vermag. Ich öffne ihm Tor und Tür, wie ich es für jeden willkommenen Besucher tun würde. Aber eben wie für einen Besucher – und nicht mehr. Ich betrachte mich nicht mehr als seinen Herrn und will es ebenso wenig zum Beherrscher meines Lebens werden lassen. Aus dieser einen Erfahrung lernte ich eine unauslöschliche Lektion: Unsere wirkliche Sicherheit liegt nicht in dem, was wir besitzen, sondern in dem, was wir sind und was wir aus uns machen.

(1941)

DIE ANGLER AN DER SEINE

In einer Geschichte der Französischen Revolution fand ich vor Jahren eine kleine, meist unbeachtete Episode, die mir damals völlig unglaubwürdig erschien. Endlich nahte, so war dort erzählt, nach vier ereignisreichen Jahren der dramatische Tag, da Ludwig XVI. hingerichtet werden sollte. Frühmorgens begann unter dumpfem Trommelwirbel die letzte Fahrt des Königs zur Place de la Concorde. Dort stand, hoch aufragend über einer ungeduldigen Menschenmenge, das Schafott. Mit gebundenen Armen wurde der König die Stufen hinaufgeführt, die Klinge blitzte nieder, und die Menge brach aus in einen einzigen wilden Jubelschrei, als der blutige Kopf des gesalbten Königs von Frankreich in den Korb rollte. Die Republik feierte ihren entscheidenden Triumph: Das größte, das weitreichendste Geschehnis des Jahrhunderts war vorüber. Aber – so vermeldete etwas ungehalten der zeitgenössische Chronist – nur einen Steinwurf weit von der Place de la Concorde und der Guillotine standen unterdessen eine ganze Reihe von Anglern an den Ufern der Seine und angelten während dieser historisch unvergesslichen Stunde genauso unbekümmert wie an jedem anderen gewöhnlichen Tag. Sie achteten, mit dem Rücken gegen dies einmalige Schauspiel gewandt, einzig nur auf ihren schwimmenden Kork. Sie wandten nicht einmal den Kopf, als der

Jubel der Menge meldete, dass das größte historische Ereignis ihres Landes sich vollzogen hatte.

Diese kleine Episode wollte ich, als ich sie als junger Mensch zum ersten Mal las, durchaus nicht glauben. Etwas in mir wehrte sich gegen die Möglichkeit einer solchen egoistischen Gleichgültigkeit in einem historischen Augenblick. In der friedlichen, ruhigen und durchaus undramatischen Atmosphäre um die Jahrhundertwende aufgewachsen, glaubte ich, dass in den dramatischen Jahren der Französischen Revolution und der Napoleonskriege alle Menschen Europas in einer Art ständigen Fiebers gelebt haben müssten. Ich malte mir Paris aus an jenem Tage: verlassen die Geschäfte, leer die Werkstätten, die Wirtsstuben, das ganze Volk hindrängend zur Todesfahrt des Königs und jeder einzelne hinstarrend, je nach seiner politischen Einstellung begeistert oder bestürzt, auf die Guillotine. Vollkommen absurd schien es mir, dass es damals auf der Place de la Concorde auch nur einen einzigen Menschen gegeben haben sollte, der einer so nichtigen und keineswegs dringlichen Angelegenheit wie Angeln seine Aufmerksamkeit zuwenden konnte, statt dem größten Ereignis seiner Zeit.

Aber es scheint, dass Geschichte nur wirklich lesen und verstehen kann, wer selbst Geschichte erlebt. Heute möchte ich jene kleine Episode der Angler an der Seine in keinem Geschichtsbuche mehr missen. Ich halte sie auf Grund unserer gegenwärtigen Erfahrung nicht nur für wahr, sondern sogar für unentbehrlich im Sinn der historischen Wahrheit, denn wir erhalten heute täglichen Anschauungsunterricht in Geschichte. Wir leben in einer mindestens ebenso dramatischen Zeit wie jener der Französischen Revolution oder der Reformation. Auch für uns ist jede Woche, jeder Tag angefüllt mit historischen Begebnissen; jahrhundertalte Reiche stürzen, der größte Kampf ist im Gang, der im Namen der menschlichen Freiheit je geführt wurde; jeder Tag, jede Stunde bringt neue Spannungen, und maßlos wird uns die Jugend späterer Geschlechter darum beneiden, Zeuge und Teilnehmer dieser größten Welterschütterung gewesen zu sein.

Aber nehmen wir Zeitgenossen wirklich vollen und ständigen Anteil an den Geschehnissen? Oder vielmehr: Haben wir die Kraft, steht uns genug teilnehmendes Gefühl zu Gebot, um Tag für Tag, Stunde für Stunde mit aufgetaner Seele allen diesen sich überstürzenden Geschehnissen zu folgen? Wenn wir uns ehrlich fragen, müssen wir feststellen, dass wir alle einer solchen ständigen Hochspannung nicht gewachsen sind und wir nur ab und zu einen bestürzten und verzweifelten Blick auf die Geschehnisse wenden. Immer leben von den Millionen und Millionen Zeitgenossen die meisten keineswegs die Geschichte mit, sondern nur ihr eigenes Leben. Beobachten wir uns selbst, so müssen wir bekennen, dass in diesem Jahr 1940, wo jede Stunde unabsehbares Grauen schafft, wo Schiffe sinken, Bomben wehrlose

Kinder zerschmettern, wo Menschen zu Tausenden gejagt werden und Reiche stürzen und jedes Recht, jedes Gebot humaner Sitte verletzt wird, die Theater, die Vergnügungsstätten, die Strandplätze, die Straßen ebenso überfüllt sind mit beschäftigten oder unbeschäftigten Menschen wie in einer friedlichen, einer »nicht-historischen« Zeit, und dies nicht nur in den neutralen Ländern, sondern sogar in den kriegführenden. Mitten im Außerordentlichen geht das Tägliche unbekümmert weiter, und nichts machte mir diese – erst unverständliche – Gleichzeitigkeit deutlicher als ein Flugzeugbild in einer Zeitung, das mit seiner überlegenen Optik zeigte, wie neben einem mörderischen Sturm auf die Schützengräben ein Bauer im Nachbarfeld ruhig sein Pferd an dem Pflug führte, ebenso wenig hinüberblickend zu dem Kampf wie seinerzeit die Fischer an der Seine auf die Hinrichtung eines Königs. Sofern wir also entschlossen sind, allen romantischen Vorstellungen historischer Zeiten zugunsten der Wahrheit zu entsagen, müssen wir bekennen, dass gerade in einer ereignisüberfüllten Zeit wir Zeitgenossen eher bemüht sind, die Zeit zu vergessen als sie mitzuleben.

Diese Feststellung scheint zunächst für uns alle beschämend. Sie scheint der Mehrzahl der Menschen die Fähigkeit abzusprechen, wirklichen Anteil an ihrer Zeit zu nehmen, und ihr Grauen, ihre Leiden in der innersten Seele mitzufühlen. Aber eine solche Beschuldigung wäre ungerecht. Die ungeheure Mehrzahl der Menschen hat die redlichste Absicht, an jedem außerordentlichen Geschehen starken Anteil zu nehmen, sie ist beseelt von dem Willen, ja sogar dem Wunsch, sich erschüttern zu lassen. Aber wir alle unterliegen gleichzeitig einem höheren Gesetz der Natur, das in weiser Ökonomie die Fähigkeit unserer Anteilnahme begrenzt. Starke kontinuierliche Erregungen erzeugen unweigerlich steigende Ermüdung, übermäßige Spannung, allzu lange fortgesetzt, schlägt um in eine Art Lähmung. Dies erkannten schon vor zweitausend Jahren die griechischen Dramatiker als das Gesetz der Tragödie: Sophokles wie Aischylos wussten, warum sie die Dauer ihrer Dramen auf zwei, höchstens drei Stunden begrenzten. Denn steigert sich das Tragische ohne Maß, so vermindert es eher die Fähigkeit, uns zu erschüttern statt sie zu steigern. Wir alle fühlen heute diese verhängnisvolle Proportion: Je länger das Weltdrama vor unseren Blicken dauert, je grauenhafter seine Szenen werden, je aufregender seine Episoden, umso mehr lässt unsere Fähigkeit des innerlichen Miterlebens nach. Das fortwährende Denken an den Krieg zerstört das Denken, und je mehr unsere Zeit an Mitgefühl von uns fordert, umso weniger vermag die schon erschöpfte Seele ihr zu bieten.

Wenn wir also scheinbar am Ende des ersten Kriegsjahres nicht mehr genug Anteil zu nehmen scheinen, so ist das nicht darin begründet, dass wir unmenschlich sind, sondern im Gegenteil, dass wir eben nur Menschen sind, jeder bloß mit einem einzigen Herzen, einem einzigen kleinen engen

Herzen, das nicht imstande ist, mehr als ein gewisses Maß des Unglücks in sich zu fassen. Nicht wir fühlen zu wenig, sondern es geschieht in solchen »historischen Zeiten« zu viel, und wenn wir unsere Gedanken zeitweilig wegwandern lassen vom Geschehen, und unser Gefühl nicht mehr antwortet, so ist es die Kraft, die uns fehlt, und nicht der gute Wille.

Ein einziges Beispiel für viele: Wenige Monate vor dem Krieg sank in England das Unterseeboot Thetis mit neunzig oder hundert Menschen. Ich war damals in London und konnte sehen, wie die ganze Stadt, ja das ganze Land von diesem einen Geschehnis beherrscht war. An den Straßenecken rissen die Passanten den Zeitungsverkäufern die Blätter aus den Händen. Die Theater, die Kinos leerten sich. Jeder fühlte, dass er an nichts anderes denken konnte als an das Schicksal dieser neunzig oder hundert hermetisch eingeschlossenen, dem Tod verfallenden oder schon verfallenen Menschen. Mit einem Mal war es jedem einzelnen unerträglich, einen gleichgültigen Film ablaufen zu sehen oder seinen Geschäften nachzugehen, und man sah es den Menschen an, wie verstört, wie innerlich sie mit diesem Geschehnis beschäftigt waren. Sie hatten andere, abwesendere Blicke, einen anderen Gang, jeder einzelne dachte an dieses kleine Schiff und die paar Dutzend Menschen. Jeder einzelne malte sich aus, wie dort die Luft im überdrängten Raum immer würgender würde, wie sie allmählich das Bewusstsein lähmt, das noch dumpf träumt von einem Wunder der Errettung, wie die Frauen, die Mütter am Strande stehen und warten, ob unter den wenigen Geretteten nicht gerade ihr Kind wäre, ihr Mann. Vierzig Millionen Engländer lebten in und mit diesen neunzig, hundert Menschen während zwei oder drei Tagen, eine ganze Nation spannte schmerzhaft alle ihre Sinne wegen dieses einen einzigen winzigen Bootes der riesigen Flotte. Aber nach ein paar Monaten begann der Krieg, und in jeder Woche sank jetzt mindestens ein Unterseeboot, ein englisches, ein französisches, ein deutsches, und genauso litten und warteten und starben schließlich die Menschen in ihnen. Doch die ursprüngliche Kraft des Mitfühlens verbrauchte sich immer mehr mit jeder Wiederholung. Nicht jedes Mal konnten und wollten die Millionen sich das Schicksal dieser wenigen Menschen qualvoll ausmalen und mitfühlen. Bald mussten wir erkennen, dass je länger die Weltkatastrophe dauerte, umso ungerechter die Proportion wurde zwischen Leiden und Mitleiden. Der Tod von tausend Menschen hat heute nach einem Jahre Krieg längst nicht mehr die gleiche Kraft über das Gefühl wie vordem der Tod von hunderten. Die Meldung der Zeitung bleibt fahl, sie erreicht nur das Gehirn und nicht mehr die erschöpfte Phantasie, das ermüdete, übermüdete Herz. Und wenn ich mich selbst frage, woran ich am tiefsten leide in dieser Zeit, so ist es, dass ich bekennen muss, nicht mehr fähig zu sein, alles mitfühlen zu können in einer Zeit, die ein solches Unmaß und Übermaß des Leidens schafft, dass sie mit den Menschen auch die Kraft des Mitleidens für menschliches Leiden mordet.

Immer wieder muss ich darum an jene Angler an der Seine denken, die ich zuerst so sehr verachtet hatte. Sollte ich nicht vielleicht ein wenig ungerecht gegen sie gewesen sein? Wahrscheinlich waren auch diese Angler nicht immer so gleichgültig gegen die Zeit wie an jenem Tag. Ich kann mir heute denken, dass im ersten Jahr der Revolution sie als begeisterte Bürger bei der Erstürmung der Bastille noch singend mitgezogen waren im ersten Triumph des Volkes, dass sie gierig allen Reden im Konvent gefolgt waren, im ersten und noch im zweiten Jahr der Revolution, dass sie in all diesen Zeiten des allgemeinen Enthusiasmus oft und oft ihre Angel, ihren Verdienst, ihr Geschäft, ihr Vergnügen gelassen hatten, um teilzunehmen an den Sitzungen der Klubs und an den Geschehnissen des Tages. Aber im vierten Jahr war schon eine Abspannung über sie gekommen, und vielleicht auch die Erkenntnis, wie sehr sie als kleine, anonyme Menschen machtlos und wertlos waren in ihrer historischen Zeit und dass sie ihr vielleicht am besten dienten, indem sie nicht sinnlos auf politische Ereignisse blickten, deren Sinn sie nicht zu enträtseln vermochten, sondern auf ihre Arbeit, ihre stille, private, unscheinbare tägliche Tätigkeit. Und im letzten dienten sie damit nur dem stärkeren Willen der Natur. Denn der Wille der Natur ist Kontinuität. Sie duldet keine Unterbrechung. Sie fordert, während sie gleichmütig die einen zerstört, von den Andern geduldiges Ausharren bei ihrem täglichen Werke. Sie, die gleichgültig ist gegen das Leiden ihrer Geschöpfe, trägt die Schuld, wenn wir manchmal gleichgültig scheinen. Und wir gehorchen nur ihrem unwidersprechlichen Befehl, wenn wir, statt unablässig auf die Trümmer der stürzenden Welt zu starren, versuchen, eine neue und bessere zu bauen.

(1941)

EINE NACHHALTIGE LEKTION

Eigentlich sollte jeder Mensch einmal in seinem Leben eine gelegentliche freie Stunde benützen, um nachzudenken, welcher Umstand oder welche Begegnung für seine spezielle Lebensgestaltung entscheidend geworden ist. Warum haben wir diesen oder jenen Beruf erwählt, warum uns für eine bestimmte Stadt, ein bestimmtes Haus entschieden? Welcher Impuls war eigentlich der wesentliche, der unserer Entwicklung die endgültige Richtung gab? Oft – und ich glaube: fast immer – sind es kleine Anlässe gewesen, so geringfügige meist, dass wir sie später vergessen haben. Für den einen war es Begegnung mit einem Menschen oder Begegnung mit einem Buch oder ein Wort in einem Gespräch, für andere eine Neigung, eine Begabung, die er bei einem ganz unerwarteten Anlass in sich entdeckte; immer aber und bei jedem muss das, was uns formte, was uns entwickelte, einen Anfang gehabt haben, eine erste Richtung gebende Minute. Jeder sollte darum, wenigstens für sich selbst, die Erinnerung an diesen ersten Impuls aus dem Schutt vergangener Jahre ausgraben, um sich oder seinen Kindern, seinen Freunden erklären zu können, was seine spezielle Lebensform geformt und gestaltet hat.

So versuche auch ich in dem libro della memoria (Dante, *Vita Nuova*), im Buch meiner Erinnerung, dieses Blatt zu finden, schon aus Dankbarkeit für einen sehr großen Mann und dann auch, um anderen zu zeigen, wie, ohne es zu wissen und ohne es zu wollen, ein Mensch einem anderen Menschen helfen kann.

Ich war damals etwa fünfundzwanzig Jahre alt, hatte während des Universitätsstudiums Gedichte und andere literarische Arbeiten sowohl geschrieben als auch veröffentlicht, aber ohne ein entscheidendes Selbstvertrauen. Manche lobten meine Arbeiten, manche gefielen mir selbst. Aber ich fühlte im Innersten, dass es noch nicht das Richtige war. Dass mir und darum auch meiner Arbeit gerade das Entscheidende fehlte, das ihr die richtige Intensität gab; mir war nur noch nicht deutlich, wo die innere Schuld lag, dass ich alles, was ich schrieb, nur als eine Art Vorübung zu dem Eigentlichen empfand. Ich ging damals nach Paris, sah dort Dichter und Kameraden, lernte und arbeitete weiter; eines Abends saßen wir bei Emile Verhaeren, dem großen belgischen Dichter, beisammen und diskutierten über Kunst. Ein älterer Maler klagte über den ständigen Niedergang der Plastik seit der Renaissance; ich, jung, leidenschaftlich und kampflustig, wie immer die Jugend, widersprach heftig. Lebte nicht gerade in dieser Stadt ein Bildhauer wie Rodin, und könnte man ihn nicht getrost den Größten der Vergangenheit, einem Michelangelo, einem Donatello, zur Seite stellen? Würde sein »Penseur«, sein »Balzac« nicht dauern solange wie der Marmor, aus dem er sie unvergänglich erschaffen hat? Ich sprach so heftig, dass ich das leise Lächeln Verhaerens nicht bemerkte, der mir schließlich, als mein Ausbruch des Enthusiasmus zu Ende war, gütig auf die Schulter klopfte: »Ich bin morgen vormittags bei Rodin im Atelier. Wenn du willst, nehme ich dich mit zu ihm. Wenn man einen Mann so sehr bewundert, hat man ein Recht, ihn kennenzulernen.«

Ich erschrak beinahe vor Freude. Rodin sehen zu dürfen, Rodin in seinem Atelier, das hatte ich junger Mensch mit meinem drückenden Gefühl, noch nichts Rechtes geleistet zu haben, mir nie zu wünschen gewagt. Am nächsten Morgen gingen wir in die Rue de Varennes in Rodins Atelier oder vielmehr in eines der elf Ateliers, die er hatte, weil er in jedem an einem anderen Werk arbeitete und, da er niemandem verriet, welches er an den verschiedenen Tagen benützte, größere Sicherheit hatte, nicht von müßigen Besuchern gestört zu werden. Verhaeren entschuldigte sich, mich mitgebracht zu haben, und stellte mich vor als einen jungen Enthusiasten, der sich gleichfalls um die Kunst bemühte. Ich war so verwirrt, dass ich nichts reden konnte, ich sah nur manchmal verstohlen, während die beiden Freunde sich unterhielten, auf die Hände Rodins, diese schweren harten lehmigen Bauernhände, aus denen so viel Schönheit sich gestaltet hatte. Die ganze Zeit über hatte ich das Gefühl, ein lästiger und überflüssiger Eindringling zu sein; aber vielleicht war es gerade diese Art ehrfürchtiger Bescheidenheit, die Rodin gefiel, denn als wir uns empfahlen, wandte er sich unvermutet mir zu. »Sie wollten gewiss ein paar meiner Arbeiten sehen. Leider habe ich fast gar nichts hier. Aber kommen Sie doch Sonntag zu mir nach Meudon zum Essen. Dort kann ich Ihnen nach Tisch einiges zeigen.«

Das war die erste Lehre, die ich empfing: dass die großen Männer fast immer die gütigsten und aus einem wissenden Instinkt gerade denen aufgetan sind, die nicht aufdringlich sich zudrängen. Die zweite Lehre empfing ich dann in Meudon in Rodins Landhaus, das nicht größer, nicht schmuckhafter war als das irgendeines beliebigen französischen Kleinbürgers: Ich sah, dass der an seine Aufgabe verschworene Mann immer bedürfnislos und einfach bleibt. Man saß an einem kleinen Tisch, aß bürgerlich, trank einen leichten hellen Landwein, und eben diese Einfachheit machte mir Mut, ohne Bedrückung zu sprechen; ich vergaß vollkommen, dass dieser ergraute einfache Mann mir gegenüber der vielleicht berühmteste Künstler der Zeit war, ich spürte nur seine weichen warmen Augen unter den buschigen Brauen ermutigend auf mich blicken, wie ich ihm den Altar Michael Pachers in St. Wolfgang beschrieb, den er nie gesehen und sich so sehr zu sehen wünschte. Als ich erzählte, dass Michael Pacher zehn Jahre, von 1471 bis 1481, in diesem abgeschiedenen Salzburgischen Dorf an diesem einen Werk gearbeitet habe, wurde er ernst. »Zehn Jahre an einem Werk«, sagte er nachdenklich und mit einem fast frommen

Ausdruck, »so müsste man arbeiten und so allein leben. Dann wird es das Rechte.«

Nach dem Essen führte er mich hinüber in das große Atelier. Es war ein primitiver verglaster Bau, in dem neben den großen Werken hunderte kleiner Studien standen, plastische Studien: ein Arm, eine Hand, manchmal nur ein Finger, ein Knöchelchen und daneben wieder unterbrochene, nie vollendete Werke. Auf den Tischen lagen Stöße von Zeichnungen und Skizzen: Sein ganzes weites Leben rastlosen Suchens und Mühens war hier wie in einem Museum vereint, Begonnenes und Vollendetes, Torso und Trümmer, es war eine Welt. Er zeigte, er erklärte mir manches. Und dann plötzlich begann jenes sonderbare Erlebnis, das dann entscheidend für mich wurde für Jahrzehnte. Es begann völlig unerwartet. Rodin, der sobald er das Atelier betrat, den Leinenkittel angelegt hatte, um an Gips und Lehm nicht den Rock zu beschmutzen und damit aus einem ältlichen Bürger in einen Arbeiter verwandelt schien, blieb vor einem Sockel stehen, der noch ganz mit nassen Fetzen umhüllt war. »Das ist meine letzte Arbeit«, sagte er, während er die nassen Tücher vorsichtig abnahm und einen meisterhaft in Ton modellierten Frauentorso entblößte. »Ich glaube, es ist schon ganz fertig.« Er trat zwei Schritte zurück, der schwere, breite, alte Mann mit dem grauen verwaschenen Bart, um sein Werk übersichtlich anzusehen. »Ja, ich glaube, es ist fertig«, wiederholte er. Aber nach einem Augenblick angespannten Anschauens murmelte er: »Nur da an der Schulterlinie, das ist noch zu hart. Excusez« und nahm die Spachtel. Ganz leicht streifte er das Holz über den weichen Lehm und gab der Haut einen zarteren Glanz. Seine schweren Hände waren wie aufgewacht, das Auge begann zu brennen. »Und da noch und da.« Wieder korrigierte er. Wieder änderte er, trat vor und zurück, drehte den Sockel, murrte, und aus der Kehle brachen merkwürdige schluckende Laute, bald leuchtete das Auge, bald kniffen sich ärgerlich die Brauen zusammen. Er knetete kleine Lehmstücke, setzte sie an, strich davon ab. Ohne dass er es wusste, dass er es wollte, hatte er zu arbeiten begonnen.

Und das dauerte eine halbe Stunde, eine Stunde, anderthalb Stunden. Er sprach kein Wort zu mir. Er hatte – und dies drang in mich erschütternd ein – total meine Gegenwart vergessen. Er spürte nicht, dass hinter ihm ein Fremder stand, den er zu Gast gebeten, er wusste nicht, ob es Tag war oder Nacht, wusste nichts von Zeit und Ort. Er sah nur sein Werk und unsichtbar dahinter eine höhere, wahrere Form, die er erreichen wollte. Sein schwerer Leib bewegte sich leicht, eine Wachheit war über sein Wesen gekommen, die zugleich einer Trunkenheit glich; nichts wusste, nichts merkte er mehr, allein mit seinem Werk wie Gott am ersten Tag der Schöpfung. Nichts vordem hatte mich jungen Menschen so erschüttert, als dass man so tief, so vollkommen vergessen konnte an Zeit und Raum und Welt. In dieser einen Stunde verstand ich für immer das letzte Geheimnis aller Kunst und überhaupt aller irdischen Leistung: Konzentration. Sich ganz zusammenfassen vor seiner Aufgabe, welche Aufgabe immer es sei, groß oder klein. Seinen Willen, unseren allzu oft zersplitterten, an hundert Kleinigkeiten verzettelten Willen einstellen zu können dank einer Entschlossenheit der Seele auf das eine, was man wahrhaft will: Nur aus solcher Entschlossenheit kann man wahrhaft wirken. In dieser einen Stunde, wo ich – anscheinend unhöflicherweise übersehen – völlig vergessen hinter dem großen Meister stand, angehaltenen Atems und so stumm und reglos wie die marmornen Steine in diesem Raum, verstand ich, was mir bislang gefehlt hatte: die Inbrunst, die alles vergisst über dem einen Willen zur Vollendung. Nur wer fähig ist, sich ganz an seine Aufgabe zu verlieren, ob sie groß sei oder klein, kann sie richtig erfüllen. Es gibt – das erkannte ich in dieser Stunde – keine andere Magie.

Endlich trat er zurück. Anderthalb Stunden waren vorbei. Noch einmal fixierte er die Arbeit. Es war ein anderer Blick, nicht mehr der suchende, gequälte, unnachgiebige von vordem: der angespannte Blick des Jägers, sondern der zufriedene und zugleich erschöpfte des Siegers nach bitterem Kampf. Aufatmend warf er den Spachtel weg, nahm die groben nassen Tücher und hüllte die Plastik neuerdings ein, nun aber mit der vorsichtigen Zärtlichkeit, mit der man einen Spitzenschleier um die Schultern einer geliebten Frau legt. Dann wandte er sich und ging; er war wieder der schwere alte Mann, der er vordem gewesen. Im letzten Augenblick, knapp vor der Tür, bemerkte er mich, der trotz aller Erregung lautlos, reglos die ganzen anderthalb Stunden hinter ihm gestanden. Er starrte mich an. Wer war das? Wie war der junge fremde Mensch hier eingedrungen? Dann erinnerte er sich erst und erschrak sichtlich über seine Unhöflichkeit. »Pardon, Monsieur, ich hatte Sie ganz vergessen. Aber Sie wissen …« Er wollte weiter sprechen. Aber ich war zu erregt, ich nahm seine Hand und drückte sie dankbar. Vielleicht ahnte er, dass durch sein An-mich-vergessen er mir die größte Lehre gegeben, die ich empfangen konnte, denn er lächelte mir freundlich zu und legte mir den schweren alten Arm um die Schulter, als er mich hinausführte aus dem Raum, in dem ich in einer Stunde mehr gelernt habe als in vielen Jahren auf der Schule. Denn seit jener Stunde wusste ich, wie jede menschliche Arbeit getan werden muss, um gut und gültig zu werden: mit dem völligen Vergessen seiner Selbst, aller Ziele und Zwecke und nur hingewandt zum letzten unerreichbaren Ziel: der Vollkommenheit.

(1940)

ABSCHIED VON ALFONSO HERNÁNDEZ CATÁ

Wenn ich im Namen seiner confrères européens Alfonso Hernández Catá Dank sage für sein Leben und sein Werk, so weiß ich, dass ich für viele spreche, für Tausende und Tausende, die ihm in seinen Büchern und im Leben begegnet sind und die ihn um des einen oder anderen willen liebten. Denn er machte es jedem leicht, ihn zu lieben, so leicht fast, als er es uns heute schwer macht, ihn zu entbehren. Wie selten ein Mann, ein Künstler war Alfonso Hernández Catá eine expansive Natur, es war ihm Bedürfnis, von seinem inneren Reichtum, von der Fülle seines Gefühls jedem einen Teil zu geben, er strömte gleichsam über von Kordialität, und unvergleichliche Güte strahlte ständig von ihm aus, jedem erwärmend und belebend, der ihm begegnete. Ich will nicht davon sprechen, was ein solcher Mann, dem Güte und Fürsorge so natürlich waren wie Atmen und Leben, seinen Nächsten war, seiner Familie, seinen Freunden. Man musste sehen wie die Angestellten, die Diener ihn vergötterten, wie jeder, dessen Leben er auch nur im Vorübergehen streifte, ihm dankbar nachblickte. Denn es war ihm ein Bedürfnis, jeden Menschen, auch dem fremdesten, ein Zeichen seines guten Willens zu geben, ein freundliches Wort, eine herzliche Geste. Um glücklich zu sein, musste er alle Menschen um sich glücklich fühlen. Er konnte nur leben in Kordialität und Humanität, und wo immer er weilte, schuf er rings um sich diese reine und wohltätige Atmosphäre.

Nun ist Güte vielleicht nicht so selten unter den Menschen, als wir es vermeinen. Sie ist wie viele Dinge der Natur selten nur in ihrer kostbarsten Form, jener Form, wie Alfonso Hernández Catá sie übte und lebte. Güte ist allzu oft nichts anderes als eine Weichheit des Herzens, eine Nachgiebigkeit gegen den Andrang fremder Bitten, ein passiver Zustand und eine Schwäche sogar. Bei Hernández Catá war sie eine Tugend und eine Kraft. Sie war aktiv, und ich möchte sogar sagen, radio-aktiv, in dem Sinne jenes geheimnisvollen Elements, das heilende und stärkende Kräfte ausstrahlt, ohne darum sein Volumen und seine Kraft zu vermindern. Je mehr er von sich gab, umso mehr blieb er er selbst. Es war eine wachsame Güte in ihm, immer auf dem Sprung, jedem Menschen eine Freude zu bereiten und jedem die für ihn richtige, die Güte nicht nur eines Menschen, sondern eines Dichters, einer imaginativen Natur, und darum eine produktive Güte, die unablässig kleine kostbarste Überraschungen erfand, die dachte und vorausdachte, eine intelligente Güte, die jedes Mal wusste, wem sie sich zuteilte. Nein, unser Hernández Catá war kein Naiver, der nur darum mit ständig ausgebreiteten Armen der Welt und den Menschen entgegentrat, weil er sie nicht kannte. Er kannte sie gut, besser als die meisten, weil er mit seiner Existenz die äußersten Tiefen des Lebens berührte. Er hatte in den Jugendjahren die Armut erfahren, jene letzte bitterste Armut knapp am Rande der Verzweiflung. Jene äußerste Armut mit Hungern und Darben und Nächtigen auf den harten Bänken, aber diese bitteren Jahre haben ihn nicht bitter gemacht. Und er war später aufgestiegen in jene Kreise, die man andächtig als die der Mächtigsten bewundert, er hatte Triumphe des Theaters gekannt, die zweideutige Gnade des Ruhms, aber auch diese Jahre haben ihn nicht hochmütig gemacht. Auf den Höhen des Lebens und in seinen Tiefen blickte er gerade vor sich hin, keiner Partei und keiner Gruppe, keinem Klüngel zugesellt, in jener herrlichen moralischen Unabhängigkeit, die der einzig erlaubte Stolz des Künstlers ist. Nichts konnte ihn irre machen oder verführen, seine milden, dunklen warmen Augen blieben unerbittlich klar, wenn sie beobachteten. Und er beobachtete alles, nichts entging seinem wachsamen Blick. Er sah, während er sprach, gleichzeitig den verborgensten Zug in jedes Menschen Gesicht, er sah, er bemerkte das Kleinste und das Geringste, und mehr noch, er merkte sich alles, sein phänomenales Gedächtnis überraschte mich immer wieder aufs neue, er erinnerte sich an jedes Gespräch, an jedes Buch, an jeden Vers in einem Gedicht, das er vor Jahren einmal gelesen. Er wusste von jeder Sonate und jeder Symphonie jeden Takt und wie dieser Musiker und jener ihn ausgeführt hat. Nichts was ihn einmal angerührt, ging ihm verloren, und so trug er sein ganzes vergangenes Leben mit sich als lebendige Gegenwart, trug es mit sich wie ein Buch, das er mit unteilbarer Sicherheit jederzeit an jeder Stelle aufschlagen konnte, und ich kann mich kaum erinnern, einem Menschen begegnet zu sein, der eine solche Fülle von klarer und beseelter Erinnerung in seinem Gedächtnis besaß. Es war eine Schatzkammer ohnegleichen, aus der er als Künstler Jahre um Jahre hätte schaffen können und die Welt bereichern, ohne sich selbst zu verarmen.

Wem ein solches Auge, ein solches Gedächtnis, eine so außerordentliche Sensibilität und ein so warmes Herz zu eigen war, der war von Anfang an prädestiniert zum Künstler. Dass er gerade ein Schriftsteller wurde und ein großer Schriftsteller, war dadurch bedingt, dass er außerdem noch ein geborener Erzähler war. Wenn er scheinbar lässig sprach – Sie haben es in seinen Vorlesungen gehört –, formte sich ihm die Rede in geschliffenster und leuchtendster Form zum Wort. Die kleinste Anekdote, die er erzählte, wurde zum Kunstwerk, und sein natürlicher Instinkt pointierte jeden Stoff gleichsam selbsttätig und gab ihm das richtige Maß. So war der große Erfolg seiner Erzählungen, seiner Romane durchaus selbstverständlich.

Das Erfundene suggerierte sich darin als Wahrheit, das Unglaubhafteste wurde bei ihm glaubhaft. Immer hatte man das Gefühl, er sei selbst Zeuge dieser Geschehnisse gewesen.

Darum folgte ihm das Publikum in allen Ländern mit solchem Vertrauen, darum wurde er einer der ersten Schriftsteller des lateinischen Amerikas, der Heimatrecht in allen Sprachen fand. In englischer, in französischer, in deutscher Sprache, und auch hier in Brasilien hat er sich unzählige Freunde erworben, zu denen in seiner Heimat. Im literarischen Sinne wie im diplomatischen hat er wunderbar seinem Land gedient, denn wer dient besser im letzten Sinne einer Nation, als der sie über die eigenen Grenzen hinausführt, der mit seiner eigenen Literatur sie verbindet – der Weltliteratur und mit seinem eigenen Range den seines Landes erhöht. Wieviel er aber auch tat, soviel war auch für ihn zu tun. Und wir müssen unser Herz niederzwingen, nicht daran zu denken, wie viel er der Welt noch hätte geben können in einer Zeit, die mehr als je den reinen Künstler und den humanen Menschen nötig hat, um wieder Vertrauen zu gewinnen zu sich selbst.

Dies ist nun vorbei. Die Absurdität, die heute die Zeit regiert, hat sich auch gegen ihn gewandt, indem sie in dem unendlichen Raum des Äthers gerade ihn suchte, um ihn uns zu nehmen, gerade ihn, der so nötig war als Beispiel in seiner Haltung als Künstler und Freund. Nun ist uns die bittere Pflicht auferlegt, von ihm für immer Abschied zu nehmen. Wir Europäer dieser geschlagenen Generation sollten diese Kunst des Resignierens eigentlich schon längst gelernt haben, denn von wie Vielem, was unserem Herzen teuer war, haben wir in diesen letzten Jahren uns trennen müssen! Wir haben die Heimat verloren, die Sprache, Stellung und Haus und noch mehr, wir haben die Hoffnung schwinden sehen, die uns in unserer Jugendzeit beseelte, die Ideale, von denen wir träumten, wir haben die Gläubigkeit verloren und das Vertrauen – seit Jahren und Jahren haben wir eigentlich nichts anderes getan. Abschied zu nehmen und stoisch zu resignieren, ohne zu klagen, ist uns schon zur Gewohnheit geworden. Aber bei unserem Schmerz um Hernández Catá erkennen wir, ein wie Wunderbares, ein wie Unwiederbringliches ein Mensch sein kann, den man wahrhaft bewundert und geliebt hat. Denn so ermüdend es auch sonst sein mag, hier weigert sich unser Herz zu resignieren und zu sagen: Er ist gewesen. Und unser Herz ist im Recht, wenn es leugnet, dass er ganz für uns verloren ist. Alles, was er geschaffen und was er gewesen, bleibt lebendig in uns und immer wenn wir in Hinkunft die vorbildlich menschliche Haltung eines Künstlers besonders rühmen wollen, werden wir sagen: Er erinnert uns an unseren treuen und unvergesslichen Freund Alfonso Hernández Catá.

(1940)

DAS GROSSE SCHWEIGEN

Ich glaube, dass die erste Pflicht aller, die die Freiheit des Redens haben, heute die ist, im Namen der Millionen und Abermillionen zu sprechen, die es selber nicht mehr können, weil dieses unentwendbare Recht ihnen entwendet worden ist. Niemals in der Geschichte ist so weithin, so methodisch und systematisch, ähnliche Gewalt geübt worden. Meine Stimme wird sich also bemühen, die der vierzig oder fünfzig Millionen Opfer zu sein, deren Stimme in Mitteleuropa erstickt und erdrosselt ist. Vierzig Millionen, fünfzig Millionen, vielleicht noch mehr. Der Überfall und die Erwürgung aller Rechte werden in unseren Tagen in so grausigem Umfang betrieben, dass wir uns nur äußerst schwer an die Vorstellung gewöhnen, welch riesige, undurchdringliche Zone des Schweigens inmitten Europas geschaffen worden ist. Man könnte sagen, dass der Nordpol plötzlich niedergestiegen ist und das ganze Polen, das ganze Österreich, die Tschechoslowakei, Dänemark, Norwegen, Holland und Belgien mit einer riesigen, trostlosen Einsamkeit überzogen hat. Schreckliche Vision: Sechzig oder siebzig Millionen menschlicher Wesen erleiden diesen Zustand der Erniedrigung, sechzig oder siebzig Millionen leben, besser gesagt: vegetieren, ohne die geringste Möglichkeit, ihre Gedanken, ihre Wünsche, ihre Klagen, ihre Hoffnungen auszusprechen.

Sie wissen alle, wie die Tragödie begonnen hat. Das war, als in Deutschland der Nationalsozialismus heraufkam, dessen Parole vom ersten Tag an lautete: Ersticken! Ersticken aller Stimmen, außer einer. Ausrotten alle Manifestationen des freien Wortes, in welcher Form auch immer, künstlerisch, literarisch, journalistisch – selbst in der Form der einfachen Unterhaltung. Einebnen, ausroden, zertrümmern jede Freiheit der Äußerung.

Einige Tage später wurde die ungeheuerliche Parole befolgt. Man verbrannte die Bücher, man jagte die Gelehrten aus ihren Laboratorien, die Priester von ihren Kanzeln, die Schauspieler von der Bühne. Man unterdrückte die Zeitungen und Versammlungsfreiheit. Männer, die durch ihre Ideen und Werke die europäische Kultur bereichert hatten, wurden wie wilde Tiere gehetzt. Es war die plötzliche Entfesselung eines umso abscheulicheren Hasses, als er nirgends spontan war, sondern überall, bis ins allerkleinste Detail, ausgeklügelt und kalt in Szene gesetzt war. Die ganze Welt war schrecklich betroffen. Es war, als ob ein Mensch unter der Wirkung eines heftigen Schocks aus großer Höhe niedergestürzt sei und als ob er nun sich wieder erhöbe, um sich blickte und sich fragte: »Wo bin ich? Sind wir wirklich im zwanzigsten Jahrhundert der Menschheit?«

Aber in eben dieser Welt ließen sich bald beschwichtigende Stimmen vernehmen: »Seien wir vorsichtig. Das ist eine innere Angelegenheit, die nur die Deutschen angeht. Mögen die Deutschen bei sich zu Hause machen, was sie wollen. Mögen die Deutschen sich untereinander zurechtfinden. Was ihre Grenzen nicht überschreitet, das geht uns nichts an.«

Folgenschwerer Irrtum! Irrtum, der unvermeidlich ist und immer gleich bleibt, sobald der menschliche Geist sich darauf einlässt, in seinem Urteil mit Landesgrenzen zu manipulieren; wenn er vergisst, dass die Menschheit mit ihren Rechten und heiligen Pflichten eine Einheit und Unteilbarkeit ist und dass ein Verbrechen ein Verbrechen ist, gleichgültig, unter welchem Breitengrad, unter welcher Fahne und im Namen welcher Ideologie es begangen wird.

Aber die Erdrosselung der Freiheit des Denkens, die Gewalttätigkeit gegen die Intellektuellen Deutschlands war nur ein Vorspiel. Sie kennen alle den blutigen Kalender der hitlerischen Angriffe auf Individuen und Völker. Die Opfer wechselten, die Methode blieb dieselbe. Immer ein brüsker Losbruch gegen ein schwaches Land, ein schon halb erstickter Schrei: »Hilfe! Hilfe!« – und dann das Schweigen, das eisige, das vollkommene Schweigen. Nicht mehr das leiseste Stöhnen, nicht mehr der kleinste Seufzer. Als ob dieses Land mit seinen Städten und Dörfern, mit seinen Millionen menschlicher Wesen unter die Erdoberfläche versunken sei. Keine Briefe mehr, keine verlässlichen Nachrichten. Tot die Stimme der Verwandten und Freunde, tot die Stimme der Dichter und Schriftsteller; kein Zeichen mehr von ihnen, das Schweigen … Ein Schweigen, das heute wie Blei auf so vielen Nationen liegt, auf so vielen Völkern, die gestern noch frei waren und deren Stimme für uns die von Brüdern war.

Dieses Schweigen, dieses furchtbare, undurchdringbare, endlose Schweigen, ich höre es bei Nacht, ich höre es am Tag, es erfüllt mein Ohr und meine Seele mit seinem unbeschreiblichen Schrecken. Es ist unerträglicher als jeder Lärm, es ist mehr Grauen in ihm als im Donner, als im Heulen der Sirene, als im Krachen der Explosionen. Es ist nervenzerrüttender, niederdrückender als die Schreie oder das Schluchzen, denn in jeder Sekunde ist mir bewusst, dass in dieses Schweigen die Knechtschaft von Millionen und Millionen Wesen eingepresst ist. In keiner Weise ähnelt es dem Schweigen der Einsamkeit. Wenn über einem Gebirge, einem See, einem Wald die Stille herrscht, dann ist das, als ob die Landschaft ihren Atem anhielte, um auszuruhen, um zu träumen. Diese Stille ist natürlich. Aber von der, die mich quält und niederbeugt, weiß ich, dass es eine künstliche Stille ist, ein durch Drohung erzwungenes, befohlenes, auferlegtes, erpresstes Schweigen, ein Schweigen des Terrors. Unter dem riesigen, aus Lügen gewebten Bahrtuch, das es ist, gewahre ich die verzweifelten Zuckungen derer, die sich nicht lebendig begraben lassen wollen; hinter diesem Schweigen ahne und fühle ich die Erniedrigung und die Empörung dieser Millionen geknebelter und erstickter Stimmen. Ihre Stille bohrt Wunden in mein Ohr, bestürmt meine Seele Tag und Nacht.

Manches Mal vergesse ich. Ich sitze mit Freunden, ich plaudere, ich lache. Aber plötzlich, als wenn ich aufschrekkend erwachte, höre ich, über die freundschaftliche Unterhaltung hinweg, die grässliche Stimme dieses Schweigens – und das Lachen erstarrt auf meinen Lippen, ich halte ein und werde stumm. Zu reden, während diese Millionen und Abermillionen Wesen unter dem Knebel röcheln, ist mir eine Scham, und ich strenge mich an, sie zu vernehmen. Ich erinnere mich dann derer, die mich vielleicht zur selben Stunde in ihren Gedanken anrufen, ich beschwöre ihre fernen Seelen vor mir herauf ... Über eine undurchdringliche Entfernung hinweg beginne ich, sie zu sehen. Ich denke an Prag, an ein Laboratorium dort unten, an den Chemiker, der mir seine Forschungen erklärte. Das Laboratorium ist leer; die Flaschen, die Gläser, die Röhren sind zerbrochen; mein Freund ist verschwunden. Ich denke an einen Dichter in Wien, ich weiß ihn in einem Konzentrationslager. Ich sehe die Krakauer Universität; ich erinnere mich des Brodelns fröhlicher Stimmen, das ich in den Gängen gehört habe: Die Stimmen sind erstickt, die Gänge sind verlassen und stumm. Ich strenge mich an, mir die Gesichter, die Haltungen und Bewegungen jener Freunde vorzustellen, die in dem Riesenkerker der deutschen Besetzung gefesselt sind, aber ich weiß, dass ich mich täusche. Ich weiß, dass sie nicht mehr ihre Gesichter von einst haben, sondern graue und erschöpfte Masken; ich weiß, dass sie die zwanglosen Bewegungen freier Menschen eingebüßt haben und sich unter dem Schatten des Terrors in ihren Häusern versteckt halten. Sie wagen nicht, auszugehen, die Straße ist von Soldaten im Stahlhelm bewacht. Ihr Ohr ist immer gespannt. Beim kleinsten Schritt auf der Treppe fragen sie sich, ob es nicht die Gestapo ist, die sie verhaften will. Am Familientisch beisammensitzend, wagen sie kein Wort zu sprechen: Vielleicht spioniert das Dienstmädchen sie aus. Schweigen also, Schweigen, Schweigen.

Dasselbe Schweigen im Nachbarhaus, im Haus gegenüber, in allen Häusern der Stadt, in allen Häusern aller Städte und Dörfer Polens, der Tschechoslowakei, Österreichs. Und, neue Marter inmitten ihrer Martern: Alle diese Menschenwesen wissen, dass im Äther die Freundesstimmen wogen, die aus Frankreich oder England kommen, und die tröstenden Stimmen der Neutralen. So nah sind ihnen diese Stimmen, so leicht sind sie zu erhaschen: Man müsste, um Stärkung durch sie zu empfangen, nur den Knopf des Radios drehen, dann würde man in Polen, in der Tschechoslowakei erfahren, welch unerhörte Anstrengungen entfaltet werden, damit sie ihre Freiheit wieder erlangen, damit nicht das ganze Europa in die Knechtschaft falle, die ihnen aufgezwungen wurde. Aber, damit die Marter noch grausamer sei, vergessen die Häscher nichts. Sie haben die Radio-

Apparate beschlagnahmt … Es war nicht genug, ihre Opfer stumm gemacht zu haben, sie mussten auch noch taub gemacht werden, taub für jeden Laut der Hoffnung. Erst wenn die Nacht fällt, beginnen sie mit ihren gebrochenen Stimmen zu flüstern: »Wann wird man uns die Sprache wiedergeben, wann wird diese Marter des Schweigens enden?« – grausamste Verstümmelung der Seele, die in dieser Welt erfunden worden ist.

Zuweilen entweicht einer von ihnen unter tausend Gefahren dem eisernen Gefängnis und kommt über die Grenze. Man empfängt ihn, man umarmt ihn. »Erzähle«, sagt man ihm. »Beschreibe, was vorgeht.« Aber er hat die Sprache noch nicht wieder gelernt. Ängstlich blickt er um sich, den Terror in den Augen, als sei er immer noch im Griff seiner erbarmungslosen Wärter. Man drängt ihn, Nachrichten über diesen oder über jenen zu geben. Er weiß nichts Genaues. Verschwunden, vielleicht tot der eine. Eingekerkert der andere. Der Bruder hat keine Kenntnis von seinem Bruder. Die Mutter weiß nicht mehr, was aus ihrem Sohn geworden ist. Das Schweigen, das furchtbare Schweigen hat allen Kontakt zwischen den Menschen zerrissen. Nutzlos, weiter zu drängen: Was ein einzelner Mensch berichten kann, ist nur ein Tropfen in diesem Ozean von Elend, der ein Viertel unseres Europas überschwemmt hat. Später einmal, wenn man seinen ganzen Umfang kennen wird, wenn man um die Millionen und Millionen glücklicher Existenzen, die er verschlungen hat, wissen wird, später einmal wird die Menschheit sich derer schämen, die durch Akte nutzloser Grausamkeit ein Jahrhundert besudelt haben, dessen Fortschritt, dessen Wissenschaften, dessen Künste, dessen großartige Erfindungen unser aller Stolz und unser aller Glaube waren.

Vergessen wir also niemals, nicht in unseren Unterhaltungen, nicht in unserer Stille, nicht am Tage und nicht in der Nacht, vergessen wir niemals diejenigen, die ihr Blut Tropfen für Tropfen hingeben würden, wenn sie es in Worte, in Flehen, in Gebet verwandeln könnten. Auch wir in Frankreich, in England und in den Vereinigten Staaten leiden darunter, zum zweiten Male in den schlingenden Rachen des Krieges geworfen worden zu sein; auch unsere Freuden sind verdunkelt, auch unsere Stunden der Entspanntheit sind gequält. Aber wenigstens haben wir die Sprache behalten, und durch sie atmet die Seele wie der Körper durch die Lungen. Durch das Wort können wir unser Herz befreien, wenn es allzu gepresst ist, können wir uns, einer den anderen, in unserer Zuversicht bestärken. Für sie aber, für diese vierzig Millionen menschlichen Brüder, ist nichts mehr übriggeblieben, als die letzte Waffe des Schwachen: die Hoffnung und das Gebet. Aus Tausenden von Häusern, aus Millionen Herzen steigt dieses heimliche Gebet zum Himmel empor. Und das Leben würde nichts mehr für mich bedeuten, hätte ich nicht die glühende Überzeugung, dass von der ewigen Gerechtigkeit ihr anklagendes Schweigen erhört werden wird.

(1940)

IN DIESER DUNKLEN STUNDE

Unter den europäischen Schriftstellern, welche diese Stunde vereinigt, um unser altes Bekenntnis zur geistigen Einheit zu bekräftigen, haben wir, die wir in deutscher Sprache schreiben, ein schmerzliches, ein tragisches Vorrecht. Wir waren die ersten, an denen sich jene Brutalität erprobte, die heute die Welt in Schrecken hält. Unsere Bücher waren die ersten, die auf den Brandstoß geworfen wurden. Mit uns wurde der Anfang gemacht jener Austreibung von Tausenden und Tausenden Menschen aus Haus und Heim. Es war zuerst eine harte Prüfung für uns. Aber heute beklagen wir diese Ausstoßung nicht mehr. Denn wie könnten wir vor diesem freien Lande, wie vor uns selbst bestehen, wenn uns das Deutschland von heute geschont oder gar geehrt hätte? Unser Gewissen fühlt sich freier, sichtbar von jenen geschieden zu sein, die das größte Unheil der Geschichte über die Welt gebracht. Aber so frei wir uns auch fühlen von aller Verantwortung für die Untaten, die heute im Namen der deutschen Kultur geschehen, so lastet doch der Schatten dieser Taten in geheimnisvoller Weise auf unserer Seele. Denn ihr, meine anderen europäischen Freunde, habt es leichter. Ihr könnt angesichts dieser grausamen Maßnahmen, welche die Würde der Menschheit erniedrigen, wenigstens stolz sagen: »Das sind nicht wir. Das ist ein fremder Geist, eine fremde Ideologie.« Jedoch wir als Schriftsteller deutscher Sprache fühlen angesichts dieser Vergewaltigungen eine geheime und grausame Scham. Denn diese Dekrete sind in deutscher Sprache verfasst, in derselben Sprache, in der wir schreiben und denken. Diese Brutalitäten geschehen im Namen derselben deutschen Kultur, der wir versuchten, mit unserem Werke zu dienen. Wir können es nicht leugnen, dass es unsere Heimat ist, welche diese Schrecknisse über die Welt gebracht. Und obwohl wir den Deutschen längst nicht mehr als Deutsche gelten, habe ich das Gefühl, ich müsse hier vor jedem Einzelnen meiner französischen, englischen, belgischen, norwegischen, polnischen, holländischen Freunde Abbitte leisten für all das, was heute seinem Volke im Namen des deutschen Geistes angetan wird.

Vielleicht verwundern Sie sich, dass wir nichtsdestoweniger fortfahren, in dieser deutschen Sprache zu schaffen und zu schreiben. Aber ein Schriftsteller vermag wohl sein Land zu verlassen, nie aber kann er sich lösen von der Sprache, die in ihm denkt und schafft. Es war in dieser Sprache, in der wir unser ganzes Leben lang gegen die Selbstvergötterung des Nationalismus gekämpft haben, und es ist die einzige Waffe, die uns geblieben ist, um weiterhin zu kämpfen gegen den verbrecherischen Ungeist, der unsere Welt verstört und die Würde der Menschheit in den Kot tritt.

Aber, meine Freunde, soviel wir auch verloren haben an Gläubigkeit, an Optimismus angesichts dieses schauerlichen

Rückfalls der Menschheit in die Bestialität, eines haben wir doch in dieser Prüfung gewonnen. Ich glaube, jeder von uns hat heute ein neues, ein leidenschaftlicheres Bewusstsein von der Notwendigkeit und Heiligkeit der geistigen Freiheit als jemals zuvor. Denn es ergeht uns sonderbar gerade mit den heiligsten Werten des Lebens. Wir vergessen sie, solange sie uns gehören, wir beachten sie in den sorglosen Stunden unseres Lebens so wenig, als wir der Sterne gewahr werden am lichten Tag. Immer muss es erst dunkel werden, damit wir erkennen, wie glorreich die ewigen Gestirne über unseren Häuptern stehen. So musste auch erst diese dunkle Stunde über uns kommen, vielleicht die dunkelste Stunde der Geschichte, damit wir erkannten, dass die Freiheit von unserer Seele so unlösbar ist wie der Atem von unserem Leibe. Ich weiß – nie ist die Würde der Menschheit so erniedrigt worden wie heute, nie Völker so versklavt und misshandelt, nie das Ebenbild Gottes in allen seinen Gestalten so niederträchtig geschändet und gemartert – aber nie, meine Freunde, nie und niemals hat andererseits die Menschheit so klar erkannt, wie unentbehrlich Freiheit für die Seele des Menschen ist. Nie haben so viele Menschen so einmütig Tyrannei und Unterdrückung gehasst, nie so viele Menschen gelechzt nach erlösender Botschaft wie nun mit dem Knebel im Munde. Wenn heute nur ein einziges unserer Worte hinüber in ihren Kerker dringt, werden sie aufatmend fühlen, dass ihre Zwingherren zu früh triumphierten. Denn sie werden erkennen, dass es noch freie Menschen in freien Ländern gibt, die nicht nur sich selber frei wissen wollen, sondern alle Menschen, alle Völker, die ganze Menschheit.

Gerade aber diese Freiheit, die uns hier in diesem freien Lande gewährt wird, legt uns Schriftstellern, uns Dichtern eine heilige Pflicht auf, und nie in unserem ganzen Leben haben wir eine dringlichere, eine entscheidendere gehabt. Es ist an uns heute, an uns, denen das Wort gegeben ist, inmitten einer verstörten und halb schon vernichteten Welt den Glauben an die moralische Kraft, das Vertrauen in die Unbesiegbarkeit des Geistes trotz allem und allen unerschütterlich aufrechtzuerhalten. So lasst uns zusammenstehen, lasst uns diese Pflicht mit unserem Werk und unserem Leben erfüllen, jeder in seiner Sprache, jeder für sein Land. Nur wenn wir uns selber treu bleiben in dieser Stunde und treu zugleich einer dem andern, haben wir in Ehren unseren Dienst getan.

(1941)

HARTROTT UND HITLER

Unsere Zeit hat ein kurzes Gedächtnis. Es gibt kaum ein Buch, das mehr in Vergessenheit gerät als eines, das vor fünfundzwanzig Jahren ein Bestseller war. Zufällig fiel mir kürzlich solch ein Buch in die Hände: »Los cuatro jinetes del apocalipsis«[1] von Vicente Blasco Ibáñez. Ich hatte diesen Roman 1916 gelesen, als alle ihn lasen, und ich erinnerte mich vage, dass er hervorragende Beschreibungen des letzten Krieges enthielt. Aber eine der weniger wichtigen Personen hatte ich total vergessen, einen deutschen Geschichtsprofessor, einen gewissen Julius von Hartrott, der in dem Buch die politischen Bestrebungen des deutschen Volkes proklamierte, auf eine – wie ich damals glaubte – höchst übertriebene und sogar lächerliche Weise. Dieser Verfechter eines maßlosen Pan-Germanentums schien mir völlig unrealistisch, und ich sah in seinen arroganten und willkürlichen Ideologien nur böswillige Übertreibungen des Autors.

Als ich nun das Buch nach einem Vierteljahrhundert wieder las, traute ich den eigenen Augen nicht. Ich hatte das Gefühl, dass ich mich bei Blasco Ibáñez zu entschuldigen hatte. Denn dieser Hartrott, in dem ich früher eine wahnwitzige Karikatur gesehen hatte, schien mir nun eine der

1 Deutsche Ausgabe 1919 u. d. T. »Die apokalyptischen Reiter«.

realistischsten Figuren zu sein, die je ein Schriftsteller erfunden hatte, denn unglücklicherweise sind Hartrotts absurde Ideen durch Hitler zum offiziellen Bekenntnis von 70 Millionen Deutschen geworden. Genau diese Ideen, die 1914 eine fiktive Person verkündete, zu einer Zeit, da Hitler ein unbekannter Anstreicher war und seine Vasallen, Rosenberg und Goebbels, noch zur Schule gingen, bedrohen jetzt die Freiheit unserer Erde. Die Erfindung eines Dichters ist schreckliche Wirklichkeit geworden, und es gibt vielleicht keinen besseren Beweis dafür, dass Hitlers Gedanken der Weltbeherrschung nicht so neu sind wie sie scheinen, als wenn man dem lauscht, was Blasco Ibáñez imaginäre Figur vor fünfundzwanzig Jahren proklamierte.

Wie ein gewissenhafter deutscher Professor, der für alles eine Theorie braucht, sucht Julius von Hartrott zuallererst eine sittliche Grundlage zu finden, eine metaphysische Basis für den deutschen Anspruch auf Weltherrschaft. Die Rassentheorie scheint diesem glühenden Pan-Germanisten höchst nützlich für imperiale Zwecke. Nach Hartrotts eigener Erklärung gibt es auf der Erde nur zwei Rassen, die dolichozephale und die brachyzephale, die erste die Herrenrasse, die zweite die Sklaven. Und Hartrott wagte, der Welt glauben zu machen – wie auch Hitler später –, dass die Deutschen die Dolichozephalen par excellence seien, die einzigen Erben der ursprünglichen Arier, während die anderen Völker, besonders die lateinischen, nur Bastardrassen seien. »Mein

Kampf« vorwegnehmend, behauptet Hartrott frech die unbestreitbare deutsche Überlegenheit über alle anderen Völker: »Die Deutschen, deren Wesen autoritär ist, schaffen überall Ordnung und Macht. Von Natur aus dazu bestimmt, die anderen Völker zu beherrschen, besitzen sie alle die Tugenden, die den geborenen Führer auszeichnen. Kein Mensch, der nicht rein germanisch ist, wird je nach einer großen Zukunft trachten können.«

Wieder scheut dieser akademische Prototyp Hitlers nicht davor zurück, Proben dieser selbsternannten Überlegenheit der deutschen Rasse zu geben, aber er zögert, aus dieser stolzen Anmaßung die Schlüsse zu ziehen. »Die Deutschen haben von Gott das Recht zur Weltbeherrschung. Deutschland muss schließlich von allen Ländern Besitz ergreifen, in denen deutsches Blut existiert oder die von unseren Vorfahren kultiviert wurden.« Diese Liste schließt nicht nur Belgien und Holland ein, sondern auch Frankreich unter dem Vorwand, dass es einst von den Franken, einem germanischen Stamm, erobert worden war; es schließt auch Italien ein, da die Lombarden einmal Teile davon besetzt hatten, und Spanien und Portugal mit der Begründung, dass sie angeblich ihren besten Blutanteil von teutonischen Stämmen erhalten hatten.

Aber diese Ansprüche Hartrott-Hitlers sind mit solch einem Happen wie Westeuropa bei weitem nicht zufrieden gestellt. Südamerika, das zu einem großen Teil von Spaniern und Portugiesen bevölkert wird, fällt nach ihrer Meinung logischerweise gleichfalls in den deutschen Herrschaftsbereich. Es versteht sich, dass auch Nordamerika als Gegenstand der Germanisierung betrachtet wird, da es seinen Aufschwung der Arbeit deutscher Kolonisten verdankt.

Der Hartrott von 1914 und der Hitler von 1925 stimmen nicht weniger exakt überein, mit welchen Mitteln dieses außerordentliche Ziel erreicht werden muss – durch Krieg. Hartrott, eine Spur aufrichtiger als Hitler, erklärt: »Wir sind nicht zimperlich. Wir führen Krieg, weil wir das erste Volk der Erde sind mit dem Auftrag, unsere Aktivitäten auf den ganzen Planeten auszudehnen. Wenn Tanger und Toulon, Antwerpen und Calais deutsch sein werden, sind wir bereit, über deutsche Barbarei zu diskutieren. Jetzt aber sind wir stark und nicht in der Laune zu diskutieren. Gewalt ist das beste Argument.«

Für solch unbarmherzigen Gebrauch von Macht bedeutet jede Art von Moral nur ein Hindernis, und hier wird auch schon das gesamte Konzept der Nazipolitik von diesem reizenden Professor formuliert. Er doziert: »Moral mag in Bezug auf Individuen untereinander eine gewisse Berechtigung haben, da sie dazu dient, die Individuen fügsamer und disziplinierter zu machen. Für eine Regierung ist sie jedoch ein Hindernis, das nirgendwo einen Vorteil bringt. Der Staat braucht sich nicht um Wahrheit oder Lüge zu kümmern. Das einzig Wichtige ist sein Vorteil und die Wirksamkeit der angewandten Mittel. Warum sich um Verträge und Gesetze kümmern? Deutschland hat die Macht, und Macht schafft neue Gesetze. Die Geschichte verlangt vom Sieger keine Rechtfertigung.«

Beim Lesen all dieser Nazitheorien blätterte ich oft zurück zur Titelseite von Blasco Ibáñez' Buch, da ich mich wieder und wieder überzeugen wollte, dass dieses Buch wirklich 1916 und nicht 1940 im Auftrag der Reichskulturkammer veröffentlicht worden war. Aber noch überraschender ist die prophetische Aktualität von Hartrotts großdeutschen Träumen, wenn er über die Methoden dieses so erwünschten Krieges spricht: »Bis jetzt wurde der Krieg nur von Soldaten ausgefochten, aber dieser wird von Wissenschaftlern und Gelehrten geführt. Die Universität hat keinen geringeren Anteil daran als der Generalstab, und die deutsche Wissenschaft – die beste in der Welt – hat sich immer mit dem verbunden, was die Revolutionäre so verächtlich Militarismus nennen. Nur Gewalt, diese Königin der Welt, schafft Recht und nur durch Krieg werden wir unsere Kultur allen aufzwingen. Unsere Armee repräsentiert unsere Kultur.«

Auch über die Methode, durch welche diese Kultur verbreitet werden soll, unterrichtet uns Hartrott mit erschrekkender Aufrichtigkeit und Blasco Ibáñez macht diesen unbedeutenden Professor zum ersten Herold des ›Blitzkrieges‹. »Nach Meinung der meisten tüchtigen Generale ist Terror das einzige Mittel für einen schnellen Erfolg, da er die Intelligenz des Feindes schwächt, seine Aktivitäten lähmt und seinen Widerstand bricht. Je härter, je grausamer der Krieg, desto kürzer wird er sein. Aus diesem Grunde wird Deutschland sehr, sehr grausam sein müssen, um zu vermeiden, dass der Kampf sich hinzieht. Aber man sollte deshalb nicht glauben, die Deutschen seien bösartig. Im Gegenteil, die anscheinende Grausamkeit ist nichts als Wohlwollen, denn der besiegte Gegner wird sich schneller ergeben und die Welt dadurch weniger leiden.«

Einer der Gesprächsteilnehmer, verwirrt durch Hartrotts verhängnisvolle Prophetien, die nun zu so buchstäblicher und grausamer Wirklichkeit geworden sind, wagt die bescheidene Frage, was aus der Freiheit werden würde, wenn nur Gewalt die Welt regiert. In seiner Antwort nimmt Hartrott Goebbels' Erklärungen vorweg, dass die nationalsozialistische Presse die freieste der Welt sei. »Wir haben jede Freiheit, die ein großes Volk braucht: wirtschaftliche und geistige Freiheit. Nur die dekadenten und zügellosen Völker und minderwertigen Rassen, verführt von den Ideen von Gleichheit und Demokratie, sorgen sich um politische Freiheit ... Freiheit muss wieder ersetzt werden durch Organisation, sobald der deutsche Geist die Herrschaft übernimmt. Jedes Volk muss so organisiert werden, dass der Einzelne der Gemeinschaft das Äußerste gibt. Jeder Einzelne muss zu allen gesellschaftlichen Aufgaben herangezogen werden. Er muss wie Maschinen einer höheren Führung gehorsam sein und muss unter Aufsicht der Führer die größtmögliche Menge produzieren. Das allein schafft den perfekten Staat.«

All diese Pläne, die Hitler heute der ganzen Welt aufzwingen will, werden von diesem erfundenen – und doch so realen – Hartrott formuliert. Mit Schrecken stellen wir fest, dass im Unterbewusstsein des deutschen Volkes dieser Traum von Weltherrschaft schon immer vorhanden war. Hitler hat ihn nicht erfunden. Durch seinen Furor machte er nur wahr, was Blasco Ibáñez fünfundzwanzig Jahre vorher in den Postulaten der Hartrotts gesehen hatte. Was früher nur der teuflische Traum einiger isolierter Individuen gewesen war, ist nun zur Sehnsucht von Millionen und zur größten Gefahr für die Welt geworden. Blasco Ibáñez' Roman hat wieder gezeigt, dass es der Dichter ist, der seine Zeit und die Zukunft besser versteht als die Professoren für Politik.

(1942)

NACHWORT

Zu den schönsten und berührendsten Aufzeichnungen, die Stefan Zweig in seinen letzten Lebensjahren verfasst hat, gehören diese leider bisher unbekannt gebliebenen Erinnerungen und Ermutigungen. Wie in seiner Autobiographie, »Die Welt von Gestern«, schildert er darin denkwürdige Begebenheiten aus seinem Leben, die so nachhaltig waren, dass sie sein eigenes Verhalten mitbestimmt haben.

Bis zurück in die Schulzeit greift der spätestens im Zweiten Weltkrieg wieder aktuell gewordene Rückblick mit dem anspornenden Titel »Nur Mut!«. Dabei erinnert er sich an eine im rechten Augenblick versäumte Geste der Anteilnahme, die lebenslange Folgen für den Betroffenen hatte. Aus seiner damaligen Scheu, einem »Mangel an Mut, der uns so oft davon abhält, das rechte Wort zu sagen, wenn es am nötigsten ist«, hat er für den Rest seines Lebens gelernt: »Dass man niemals zögern sollte, dem ersten Impuls zur Hilfeleistung zu folgen, denn ein Wort oder eine Tat aus Mitgefühl hat nur wirklich Wert im Augenblick der höchsten Not.« Wie es auf eindringliche Weise Zweigs postum bekannt gewordene Briefe und Lebensdokumente belegen, ist diese Erkenntnis für sein künftiges Verhalten bestimmend geworden. Denn jene frühe Erfahrung hat er lebenslang beherzigt und wie nur wenige seiner Zeitgenossen und Schriftstellerkollegen einen gut Teil seiner Energie und der nicht unbeträchtlichen Erlöse aus seinen Publikationen auf spontane Zuwendungen zugunsten Bedürftiger verwandt.

Ähnlich folgenreich waren für ihn die Jahre der Inflation als das Honorat für 10 Tsd. Exemplare eines seiner Bücher über Nacht so sehr an Wert verlor, dass es gerade noch die Portogebühren deckte, die der Versand des Manuskriptes gekostet hatte. An diesem und noch drastischeren Beispielen illustriert er, wie wenig Verlass selbst auf jahrhundertelang bewährte Einrichtungen ist und dass mit dem Verlust des Geldes die wirklichen und dauerhaften Werte des Lebens, »die Arbeit, die Liebe, die Freundschaft, Kunst und Natur«, eher an Bedeutung gewinnen, weil »unsere Sicherheit nicht in dem liegt, was wir besitzen, sondern in dem, was wir sind und aus uns machen«.

Der bewegendste und originellste dieser Rückblicke spielt in den wohl glücklichsten Jahren, die Stefan Zweig von 1919 bis 1934 in seinem Salzburger Heim auf dem Kapuzinerberg verbrachte. Anlässlich der Zufallsbekanntschaft mit einem besitzlosen Zeitgenossen erlebt er, wie man sich »durch innere Souveränität der stärksten Macht dieser Erde, dem Geld, entziehen kann und mitten unter den Menschen zu leben vermag, ohne einen einzigen Feind zu haben«. Was diesen sonderbaren Landsmann von anderen unterscheidet, ist, dass er trotz seiner Armut, jedermann beisteht und, ohne dafür etwas zu erwarten und lieber die tiefste soziale Rangordnung in Kauf nimmt, als sich in irgendeine Abhängigkeit zu begeben. Mit seiner Hilfsbereitschaft, Kontaktfreude und heiteren Gelassenheit erwirbt er nicht nur das Vertrauen der Mitmenschen, sondern verschafft jenen einen Zuwachs an Freiheit und Lebensqualität, die sie verloren haben. In unserer gegen jedes Risiko rückversicherten Leistungsgesellschaft hat dieser unbesorgte Nichts- und Allestuer, der »nur genau so viel nahm, wie er brauchte, und so viel gab, als er vermochte«, eine unwiderstehliche Attraktion. Ähnlich wie Hermann Hesses Landstreicher »Knulp« oder Ernst Penzoldts Lebenskünstler »Squirrel« zählt er zu den selbstlosen Existenzen, die den Sesshaften immer wieder etwas Heimweh nach Ungebundenheit mitbringen, weil deren Gegenwart stets willkommen, überraschend und auf extravagante Weise beglückend ist.

Mehr zu geben als zu nehmen und aus seinen individuellen Anlagen das Bestmögliche zu machen, war auch Stefan Zweigs lebenslanges Bestreben, dem nicht nur seine Zeitgenossen, sondern auch wir und künftige Generationen eine Erweiterung und Intensivierung unserer Wahrnehmung verdanken. Das ermöglicht sein erstaunlich vielseitiges Werk, das in Romanen, Novellen, Biographien, Dramen, Gedichten und weitblickenden Stellungnahmen zur Zeit- und Kulturgeschichte stets auf eine Humanisierung unseres Verhaltens zielt. Ausgehend von selbst erlebten und genau recherchierten historischen Begebenheiten findet er, ohne etwas erfinden zu müssen, psychologisch aufschlussreiche Stoffe, die er zu aktualisieren und in Beziehung zu gegenwärtigen Verhältnissen zu bringen versteht. Da für den Autor der Ausgang dieser Recherche durchaus offen ist, wird der Leser unwillkürlich in die Spannung seiner detektivischen Spurensicherung einbezogen. Als passionierter Beobachter des Autografenhandels stößt er immer wieder auf bisher unbekannte Dokumente, Quellen und Augenzeugenberichte, die überlieferte Sichtweisen um neue Blickwinkel erweitern oder verändern und seine Schilderungen mit der Anschaulichkeit des Authentischen beleben.

Auch in beiläufigen Funden wie der Episode von den »Anglern an der Seine«, auf die er beim Studium eines Geschichtswerks über die Französische Revolution gestoßen ist, entdeckt er zeitlos gültige und auf die aktuelle Gegenwart übertragbare Muster menschlicher Verhaltensweisen. Am Beispiel der ihm zunächst rätselhaften Teilnahmslosigkeit von Fischern, die seelenruhig ihre Köder auswerfen, unberührt von der nur einen Steinwurf weit entfernt sich abspielenden Enthauptung ihres Königs Ludwig XVI., dem Kulminationspunkt der Rebellion, vergleicht er deren Apathie mit dem Abstumpfen mancher seiner Zeitgenossen angesichts der sich täglich erneuernden Sensationsmeldungen von den Fronten des Kriegsgeschehens im Jahr 1940. Dass damals, wo »jede Stunde unabsehbares Grauen schaffte, wo Schiffe sanken, Bomben wehrlose Kinder zerschmetterten, wo Menschen zu Tausenden gejagt und jedes Gebot humaner Sitte verletzt wurde«, die Fähigkeit der Zeitgenossen zu Empathie überfordert sein, ermüden und versagen konnte, wurde ihm dabei nachvollziehbar. Denn ab einem bestimmten Grad der Reizüberflutung übersteigt das Fassungsvermögen das noch Erträgliche, und unsere Natur wendet sich ab vom Übermaß des Entsetzens.

Gleichwohl peinigte ihn das große Schweigen der sich unter dem Terror der Machthaber duckenden Daheimgebliebenen und der diese Vorgänge viel zu lange gewähren lassenden anderen Nationen, bis schließlich auch sie selber bedroht waren. Die damals unter dem Druck der Zeitgeschichte entstandenen Mahnrufe, »Das große Schweigen«, »In dieser dunklen Stunde« und das verblüffende Parallelogramm »Hartrott und Hitler«, veröffentlicht in hierzulande unerreichbaren Exiljournalen, sind uns von Zweigs Verlegern bislang leider vorenthalten worden. Sie ergänzen seine zeitkritischen Schriften um beachtliche Facetten und überliefern einmal mehr seine Bemühungen, allen Rückschlägen zum Trotz, nicht zu resignieren.

Doch auf die Dauer ist es auch ihm nicht gelungen. Je länger sich der Krieg hinzog und je detaillierter er noch in seinem brasilianischen Exil durch zahllose Briefe, Telefonate und Hilferufe aus aller Welt mit dem Elend der Betroffenen konfrontiert wurde, desto mehr erschöpfte ihn die jahrelange Sozialarbeit in Form von Visa-Vermittlung, Zuspruch und jeder Form von Hilfeleistung. Auch seine erst postum erschienene »Schachnovelle», die mit packendem Einfühlungsvermögen die Isolierungsfolter eines Opfers der Gestapo thematisiert, ist damals entstanden. Einem Autor wie ihm, dessen Triebfeder es war, sich für das Gute zu begeistern, waren nun alle vitalen Impulse genommen. »Wie kann ich atmen, schlafen und essen«, sagte er einem gleichfalls emigrierten Schriftstellerkollegen, der ihn Anfang 1942, kurz vor seinem Freitod in Petrópolis, besuchte, »wenn ich weiß, dass die sinnloseste Zerstörung am Werk ist, dass tausende und abertausende unschuldiger Menschen dahingerafft werden. Schaffen heißt doch aufbauen, und wie kann ich etwas aufbauen, wenn ich zu gleicher Zeit die satanischste Vernichtung am Werke weiß!«

Was er in seinem Nachruf auf den kubanischen Schriftstellerkollegen Alfonso Hernández Catá, der im November 1940 bei einem Flugzeugabsturz ums Leben gekommen war, hervorhob, traf ebenso auch auf Zweig selbst zu. Seinem expansiven Naturell sei es ein Bedürfnis gewesen, jeden an seinem inneren Reichtum teilhaben zu lassen: »Er konnte nur leben in Kordialität und Humanität, und wo immer er weilte, schuf er um sich diese reine und wohltätige Atmosphäre. … Die kleinste Anekdote, die er erzählte, wurde zum Kunstwerk, und sein natürlicher Instinkt pointierte jeden Stoff gleichsam selbsttätig und gab ihm das richtige Maß. … Immer hatte man das Gefühl, er sei selbst Zeuge der Geschehnisse gewesen.«

Die Aufzeichnungen dieses Bandes stammen aus Stefan Zweigs letzten beiden Lebensjahren. Zwei davon, »Nur Mut!« und »Was mir das Geld bedeutet«, wurden erstmals auf Englisch im Juli 1941 im New Yorker Magazin »Readers Digest« veröffentlicht und von meiner verstorbenen Frau Ursula 1980 nach unserer Sichtung des damals bei Kurt Maschler in London deponierten Zweig-Nachlasses ins Deutsche übertragen. Die Betrachtung über »Die Angler an der Seine« fand sich auch dort, während der reizvolle Rückblick über »Die Kunst, ohne Sorgen zu leben« aus den Stefan-Zweig-Beständen der State University of New York at Fredonia stammt. »Das große Schweigen« ist 1940 von Radio Paris gesendet worden. Die Rede »In dieser dunklen Stunde« hat Zweig im Mai 1941 im New Yorker P.E.N.-Club gehalten. Der Artikel »Hartrott und Hitler« erschien postum im Dezember 1942 in New Yorker Journal »Free World« und wurde von Karin Gräbner übersetzt. Die Anregung zur Publikation dieser allzu lang unbeachteten Schilderungen ist dem verdienten Bamberger Stefan-Zweig-Forscher Klaus Gräbner zu verdanken.

Volker Michels

QUELLENNACHWEISE

Die Kunst, ohne Sorgen zu leben: Unveröffentlichtes Manuskript aus den Stefan-Zweig-Beständen der State University of New York at Fredonia

Nur Mut!: Erstdruck in »Readers Digest«, New York, Juli 1941. Übersetzt von Ursula Michels-Wenz

Was mir das Geld bedeutet: Erstdruck in »Readers Digest«, New York, Juli 1941. Übersetzt von Ursula Michels-Wenz

Die Angler an der Seine: Erstdruck in »Harper's Magazine«, New York, Februar 1941

Eine nachhaltige Lektion: Unveröffentlichtes Manuskript aus den Stefan-Zweig-Beständen der State University of New York at Fredonia

Abschied von Alfonso Hernández Catá: Erstdruck in »Argentinisches Tageblatt«, Buenos Aires, 26. 11. 1940

Das große Schweigen: Erstdruck in »Das Neue Tagebuch«, Paris, 4. 5. 1940

In dieser dunklen Stunde: Rede, gehalten am 15. 5. 1941 im P. E. N.-Club, New York. Erstdruck in »Aufbau«, New York, 16. 5. 1941

Hartrott und Hitler: Erstdruck in »Free World«, New York, 4. 12. 1942. Übersetzt von Karin Gräbner

6. Auflage 2025 · Originalausgabe · Foto Frontispiz: Casa Stefan Zweig, Petrópolis · Bezugspapier: Claude Monet, Angler auf der Seine bei Poissy (Detail), 1882, Kunsthistorisches Museum Wien, Foto: G. Nimatallah / NPL – DeA Picture Library / Bridgeman Images, Berlin · Gesetzt in der Schrift Garamond Pro · Gedruckt auf holzfreies, alterungsbeständiges Werkdruckpapier der Firma LENK Paper Schleipen GmbH, Bad Dürkheim, von der Memminger MedienCentrum AG, Memmingen · Gebunden in Fadenheftung von der Josef Spinner Großbuchbinderei GmbH, Ottersweier · Dieses Buch wurde klimaneutral produziert: climatepartner.com/14438-2110-1001 · Printed in Germany · Erste Auflage 2023 · ISBN 978-3-458-19524-5

Insel Verlag Anton Kippenberg GmbH & Co. KG,
Torstraße 44, 10119 Berlin · info@insel-verlag.de
www.insel-verlag.de